ネガティブ沼から抜けだし、自分らしく働くために

繊細な人の心が折れない働き方

産業医・精神科医

井上智介

ナツメ社

チュン
チュン
ピピピ
田中みこ
社会人
4年目
ふぁ～
もう朝か
ピッ
あぁ……
きょうも
がんばらないと
ズシッ
おはよう
ございます
おはよう
ございます
おはよー
…
チラッ
あれ？
浅井さん
あいさつ
してくれない……
私　なにかしたっけ？
ザワ
ザワ
……仕事しよ
MAIL
…

ガー
先輩がコピーしてくれてる
あ 例の取引先と電話してる
モヤ～
私も会議にでるんだし私がコピーするべきだったかも
モヤ～
あのお客さんにこのあいだ怒られたんだよね……
ピタッ
ピタッ
ビビッ
あ！浅井さん……私のことなにか話してたりして……
でしょー
ドキッ

気になって集中できないよ〜
モヤ
モヤ
TO:
CC:
ハッ
もう11時⁉
早くしなくちゃ！
田中さん資料作成お願いできる？
部長
え⁉
明日の会議で必要なんだ
心の声
そんなの急に言われてもムリです〜〜
…
カタカタ
でもみんな忙しそうだし……
心の声
そんなの急に言わ
ムリで

わかりました
心の声
よろしくねー
時間内にできるかなぁ
ハァ…
特急でやろう!
私って なんで断れないんだろう
カタ カタ
カタ カタ
もう17時!?
お先に〜
お先に失礼します
あ おつかれさまです
みこちゃんバイバーイ

忙しそうと思ったけど
みんな　私よりも
先に帰っていく……
ガーン
浅井さんのことも
私の思いすごし
だったみたい……
そして
なにより……
イヤ〜
仕事が全然
終わらないよ〜〜!!
なんでこうなっちゃ
うの〜〜
おつかれ
さまです
結局　終わらず
終電になっちゃった
仕事　遅いヤツだって
みんなに思われて
いるんだろうな……

私って
会社に
必要
なのかな……
ぐすん・・・
ただいま～
って誰もいないけど
コピー
会議
先輩
浅井さん
部長
モヤモヤ～
疲れた
バタン
しんどい……

仕事も予定も全然こなせなかった
みんなはちゃんとできるのに・・・
毎日毎日うまくいかない…
私ってなんでダメなんだろう
はぁ〜
眠れない…
ムクッ
検索
「仕事断れない」「すぐ落ち込む」
ん？
たたかう産業医！
blog
HSPさん
・人の頼みを断れない
・周囲の空気に敏感
・自己肯定感が低い
HSPさん!?
特徴が全部当てはまる
これって……私のこと？

はじめに

「職場がしんどい」「人と話しただけでクタクタになる」

診察室で、そんな悩みを打ち明けてくれる人がふえています。

NOと言えずに他人の仕事まで引き受けたり、人の気分にふりまわされたり。

多くはとても敏感な神経をもつHSPさんなのですが、自分がHSPとは気づかず、疲れるのは「自分のせい」だと思い込んでいます。HSPさんはなんでも自分の責任だと考えがちなので「努力して強くならなくては」と、自分を追いつめているのです。

場の空気に過敏に反応するHSPさんは、人と一緒にいるだけで疲れます。集団の中で生きにくさを感じ、自分を変えたいと思うのも無理はありません。

けれどもHSPは、生まれもった気質です。気質はあなたの核になる部分なので、努力で変えることはできません。たとえほんの少し変えられることがあるとしても、変えるには膨大な時間がかかり、多くの人は挫折します。そんなことに人生の貴重な時間を費やすのはもったいないと考えてください。

それよりも、ありのままの自分を受け入れることからはじめましょう。

核となる気質は変えられなくても、気質との「つきあい方」を学べば、上手に自分をコントロールできるようになります。クタクタになるまで人に合わせたり、非HSPさんのようにふるまえないからといって落ち込むこともなくなるでしょう。

本書には、HSPさんが自分の気質とつきあうためのコツがたくさんつまっています。ひとりでも多くのHSPさんにとって、毎日をラクに過ごすための一助となれば幸いです。

井上智介

◎もくじ◎

第1章 職場がしんどいのはＨＳＰ気質だから

第2章

職場の人間関係がツライ

第3章

考え方しだいで、ぐっと心が軽くなる

第4章

テクニックで、ストレッサーをへらす

第5章

敏感スイッチをオフにする

第6章

あなたにはたくさんの強みがある

第7章 HSPさんのための職種別アドバイス

第1章

職場がしんどいのはHSP気質だから

なにを
やってるんだ!!
このまえも
同じ注意を
したはずだ!
シーーン
こ
怖い
渡辺くん
ツラそう……
しょぼん
気まずい……

なんだか……
私まで
ツラい気持ち……
部長も
あんなふうに
言わなくても
いいのにな
疲れた…
田中さん
この間
頼んだ資料
明日
ほしいんだけど
えっ!?
明日ですか？
えっ
今週中じゃ
なかった
の？
うん
どうしよう
できるかな
でも　先輩
を困らせたら
悪いよね……
ぐる
ぐる

ニコッ
……だ大丈夫です！
よろしくね！
今度のミーティングの準備したかったんだけどな
一時間後……
さっきの資料どのくらい進んだ？
え……？
これくらいです
急いでるんだ……
う〜〜ん
ドキドキ

ちょっと
間に合わないかも
私が指示だすから
そのとおりに
お願いできる？
はい
ガーン
私って要領が
悪いのかな…
情けない…
先輩も
がっかりした
だろうな…
カタ
カタ
指示
失望
悲しみ
怒り
どんどん
パワーが
吸いとられて
いく…
モヤ〜

◎ＨＳＰって？

誰よりも敏感なアンテナをもつ人

●たくさんの情報をキャッチしている

ＨＳＰとは、Highly sensitive person（とても敏感な人）の略語です。１９９６年に米国の心理学者エレイン・Ｎ・アーロンが提唱した言葉で、病気ではなく、タイプ（気質）を表しています。**ＨＳＰさんはとても感じやすい神経の持ち主なので、ふつうなら気にならないことに敏感に反応してしまいます。**音や光、匂い、手ざわりなど外界の刺激だけでなく、人の心の変化も感じとります。そして受けとった情報は心の奥に届き、思考や想像の源になります。**ＨＳＰさんはとても繊細な人なのです。**

ＨＳＰさんは、外で起きることを自分の責任のように思い込みがちです。人が不機嫌

アンテナが忙しくはたらいている

になると「悪いことしたかな」と不安に思い、失敗すると「私のせい」と、自己評価を下げてしまいます。ストレスから自律神経系の病気になる人もいます。

●5人に1人いるとされている

周囲に気をつかうＨＳＰさんは、「どうして自分だけこんなにツラいんだろう」と、ひとりで思い悩みがちですが、じつは、同じように感じている人は、意外に多いのです。アーロン博士の調査によれば、５人に１人は「自分は極端に過敏」と思っているといいます。

HSPチェックリスト

下の質問で、少しでも当てはまるものには「はい」を、まったく or あまり当てはまらないものには「いいえ」で答えてみましょう。

●自分をとりまく環境の微妙な変化によく気づくほうだ	はい／いいえ
●他人の気分に左右される	はい／いいえ
●痛みにとても敏感である	はい／いいえ
●忙しい日々が続くと、ベッドや暗い部屋などプライバシーが得られ、刺激から逃れられる場所に引きこもりたくなる	はい／いいえ
●カフェインに敏感に反応する	はい／いいえ
●明るい光や強い匂い、ざらざらした布地、サイレンの音などに圧倒されやすい	はい／いいえ

●豊かな想像力をもち、空想にふけりやすい	はい／いいえ
●騒音に悩まされやすい	はい／いいえ
●美術や音楽に深く心動かされる	はい／いいえ
●とても良心的である	はい／いいえ
●すぐにびっくりする	はい／いいえ
●短期間にたくさんのことをしなければならないとき、混乱してしまう	はい／いいえ
●人がなにかで不快な思いをしているとき、どうすれば快適になるかすぐに気づく	はい／いいえ

ここまでで「はい」が　□　コ

●一度にたくさんのことを頼まれるのが嫌だ	はい／いいえ
●ミスをしたり、物を忘れたりしないようにいつも気をつける	はい／いいえ
●暴力的な映画やテレビ番組は見ないようにしている	はい／いいえ
●あまりにもたくさんのことが自分のまわりで起こっていると、不快になり、神経が高ぶる	はい／いいえ
●空腹になると、集中できないとか気分が悪くなるといった強い反応が起こる	はい／いいえ
●生活に変化があると混乱する	はい／いいえ
●デリケートな香りや味、音などを好む	はい／いいえ

●動揺するような状況を避けることを、ふだんの生活で最優先している	はい／いいえ
●仕事をするとき、競争させられたり、観察されていると、緊張し、いつもの実力を発揮できなくなる	はい／いいえ
●子どものころ、親や教師は自分のことを「敏感だ」とか「内気だ」と思っていた	はい／いいえ

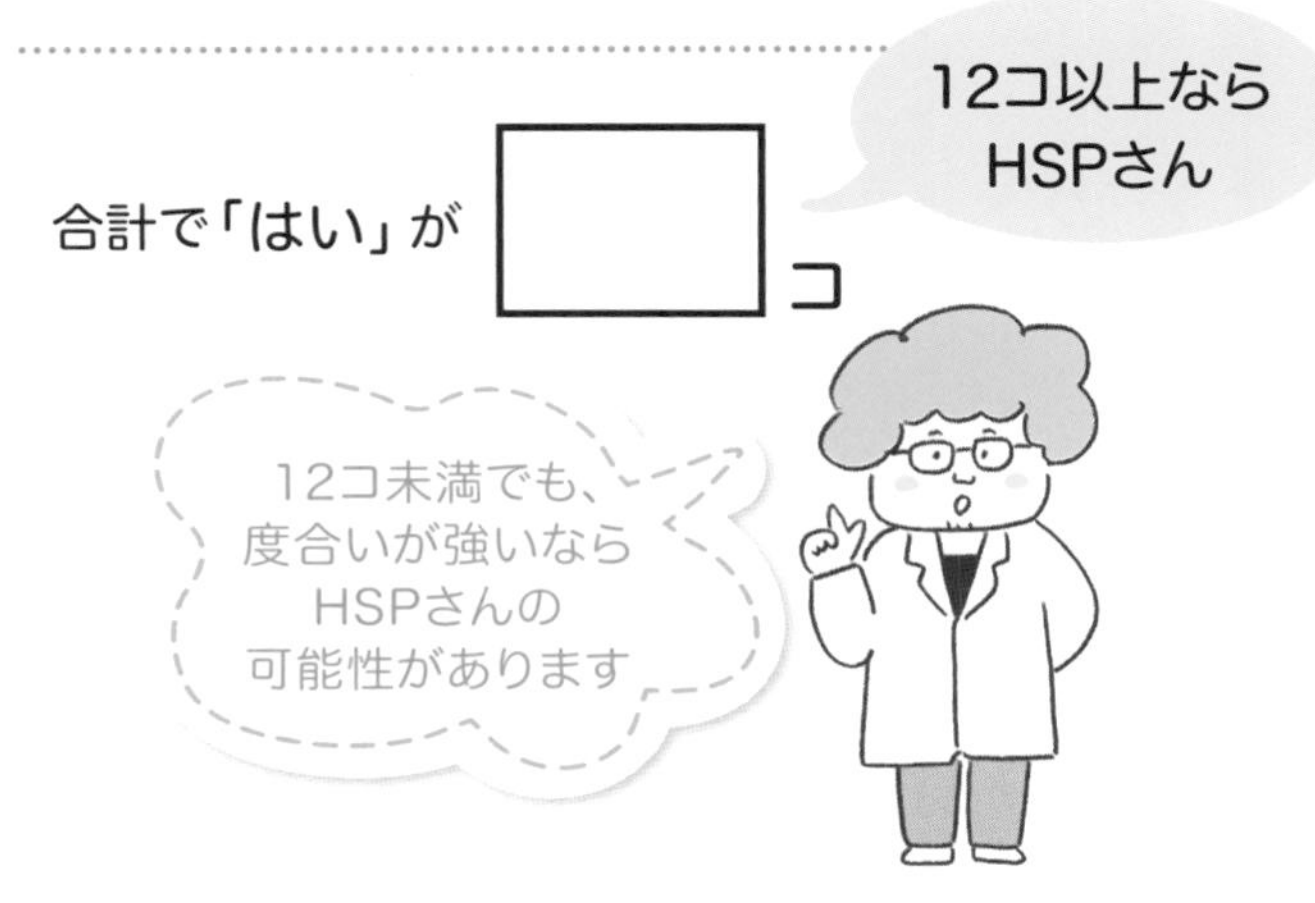

出典『ささいなことにもすぐに「動揺」してしまうあなたへ。』
エレイン・N・アーロン 著　冨田香里 訳（ＳＢ文庫）

◎チームワーク

他人優先で自分を犠牲にしている

●HSPさんはその場の雰囲気を読んでしまう

「めんどうな仕事を誰がやるか」という話題になると、みんな下を向いたまましーんと静まりかえってしまうことがあります。HSPさんはこんなとき、つい、

「私がやりましょうか」

と、手を挙げてしまいます。場の雰囲気を感じとり、あたかも自分が指名されているように緊張してドキドキ。プレッシャーに耐えきれず、引き受けてしまうのです。

誰かがオーバーワークで不満を漏らすと、HSPさんは、まるで自分の責任のように感じて「手伝いましょうか」と、手をだします。**ほんとうは自分の仕事で手一杯なのに、**

いつの間にか、
仕事がふえて
いませんか？

自分の仕事を後まわしにしがち

私の分は
残業すれば
えっ
いいの？
「あの人たいへんそう…」と思うと、自分がなんとかしなくてはいけない気持ちになって手伝いを申しでる。

「自分のことはあとでやればいい」と、他人を優先してしまうからです。

ＨＳＰでない人（以下、非ＨＳＰさん）は、まず自分のことを優先させるので、頼まれても忙しければ断ります。ところがＨＳＰさんは、「自分さえ我慢すれば」と思い、相手に合わせてしまうのです。

言うまでもなく、ＨＳＰさんの仕事はふえるばかりです。自分のことは後まわしにして仕事をたくさん抱え込み、結局ヘトヘトに疲れることに……。そして「私が引き受けたのだから」と、自分を責めては落ち込みます。

◎コミュニケーション①

他人の機嫌が気になってしまう

●HSPさんは他人との境界線がもろい

どんなに仲のいい友だちや家族であっても、人は他者との間に境界線を引いています。**境界線とは、いわば自分だけの領域を守る心のバリア**。このバリアがしっかりしていれば、人から話を聞いたときにも「人は人、自分は自分」と、分けて考えることができるので、自分の心が必要以上にゆさぶられることはありません。

ところがHSPさんの場合、境界線がもろい人が多いのです。

このため、**人と接していると、相手の感情がたやすく自分の領域に入り込み**、心をゆさぶります。人の気持ちを敏感に感じとって影響されるので、いつも他人の機嫌が気に

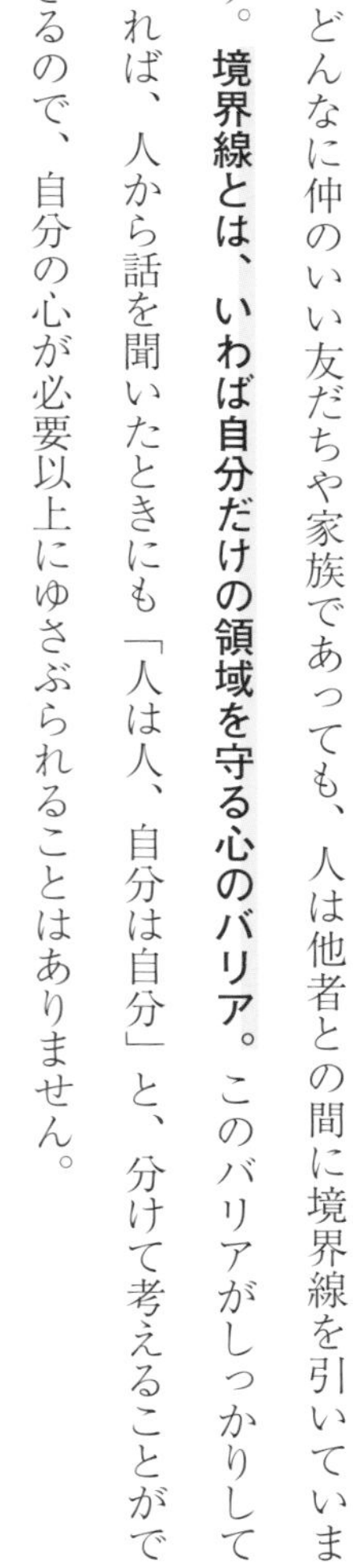

なり、気分にふりまわされて疲れ果ててしまいます。

●他人のネガティブな感情に引きずられることも

境界線のもろいＨＳＰさんは、心が相手の感情と同調しやすいので共感力が高く、人の気持ちによりそうことができます。けれども、こうした高い共感力には注意が必要です。

人からツラい話や悲しい話を聞くと、自分が体験したかのように感じて強く動揺してしまうからです。他人のネガティブな感情に引きずられ、**まるで自分がその感情を抱いているかのように苦しんで、心に大きな負担がかかることもあります**。ときには相手の気持ちを深読みするあまり、間違った思い込みにとらわれてしまうことさえあります。

このように、他者の感情に過剰に同調することを、過剰同調性といいます。

過剰同調性をもつと、人は他者の価値基準で生きることになり、自分の価値観を見失ってしまいます。このため、いつも人からの評価にビクビクし、自己評価が低くなって苦しむことになるのです。

◎コミュニケーション②

嫌いな人のことが頭から離れない

●嫌いな人から言われた言葉を思いだしてしまう

ＨＳＰさんは、人に嫌なことを言われても言い返せず、腹立たしく思うことがあります。しかも、物事を深く考える傾向があるので、言われたことがなかなか頭から離れません。**「あの人にもいいところがある」と、できるだけ良心的に解釈しようと試みます**が、時間がたってから嫌だなという気持ちになることも。思考が整理できず、グルグル考えてしまいます。また、自己肯定感が低いと、「自分のためを思って言ってくれているのかも」と、自分に原因があると考えてしまうこともあります。こうして、ＨＳＰさんは嫌な人のことをいつも考えるハメになり、頭のなかで堂々めぐりを続けてしまうのです。

相手のいい面にも目を向けようとする

一度、「嫌いだな」と思っても、相手を好きになろうとがんばって、頭のなかでグルグル考えはじめる。

◎臨機応変

予想外の出来事で、頭が真っ白に

●とくに、怒りのダメージを受けやすい

とっさになにか聞かれると答えられず、頭が真っ白になることはありませんか。

これは、**脳の反応パターンによるものです。**人の脳内には感情をつかさどる大脳辺縁系と思考をつかさどる大脳皮質があり、両方が同時に刺激されると、大脳辺縁系が優位になって大脳皮質が抑制されます。思考が抑制されているので、ドキッとした感情は残るけど、なにも考えられないことに。これが、「頭が真っ白になる」状態です。

HSPさんは、予想外のことで大脳辺縁系が優位になりがちです。とくに、怒りのダメージを受けやすく、厳しく叱られると思考がストップして言葉につまってしまいます。

動揺して思考がストップしてしまう

強い刺激を受けると、大脳辺縁系がびっくり。大脳皮質がはたらかず、思考停止に陥る。

◎プレッシャー

人に見られると、ミスしてしまう

●よく他人の視線を感じる

仕事中に人の視線を感じれば誰でも気が散るものですが、とくにＨＳＰさんは他人の視線を敏感にキャッチして強いプレッシャーを感じるので、仕事に集中できません。

これは、ＨＳＰさんが周囲の空気を読んで、**人の考えや期待を無意識のうちにひろってしまう**からです。「まだ終わらないのかな」と、せかされているように感じてミスしたり、期待どおりにしなくてはと肩に力が入って、ペースが乱されたりします。

本来ならとても丁寧でいい仕事ができるＨＳＰさんですが、他人の視線を感じただけでパフォーマンスが落ち、能力を十分に発揮することができなくなってしまいます。

他人の視線をプレッシャーに感じる

人に見られていると感じると、慌てたり、ミスしたり……。仕事はひとりでするのがラク。

◎集中力

まわりが気になりすぎて仕事に集中できない

●敏感に察知して集中できなくなる

ＨＳＰさんはひとつのことを深く考えるのは得意ですが、たくさんの情報をすばやく処理することが苦手です。五感が刺激を受けすぎると混乱し、集中力が低下してしまうので、職場の環境はとても大切です。

たとえば、**オフィスのちょっとした変化が気になって、仕事のミスがふえる**ことがあります。また、室温やエアコンの風向き、窓からの音や光が刺激となって体調を崩し、ひんぱんな休憩が必要になることもあります。

周囲から「気にしすぎだ」と言われるかもしれませんが、ＨＳＰさんの場合、ささい

なことが耐えがたいほどの刺激となることは覚えておきましょう。

●人が気にならないことが、気になる

人は、視覚、聴覚、嗅覚、味覚、触覚という五感を使って外界からの情報を受けとりますが、感度の鋭さは人によって大きく異なります。**HSPさんは、人よりも五感がとても鋭い**ので、非HSPさんが気にならないことでも気になります。

たとえば、上の階の人が静かに歩いているのに騒音と感じていらだったり、時計の針の音が頭に響いて、ストレスを感じたりします。また、喫茶店で隣の席の人がうるさかったり、気分に合わない音楽が流れていたりすると、いたたまれずに店をでてしまう人もいます。非HSPさんでもたばこの匂いを嫌がる人は多いですが、HSPさんは、壁やソファについたたばこの匂いにも強く反応して不快になります。

気分だけではありません。こうした刺激が強いストレスになり、体調にも影響します。隣の人の香水や柔軟剤の香りで頭痛やめまいが生じることもあります。

◎仕事の完成度

中途半端な出来の自分が情けない

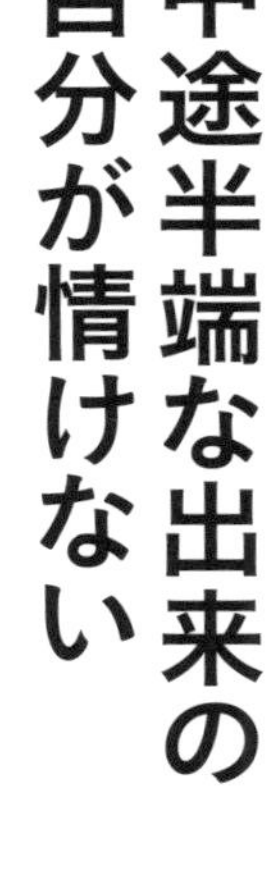

●HSPさんは完璧主義になりがち

どんなテストでも、100点満点をとるのはたいへんです。

じつは、**HSPさんは完璧主義なので、いつも100点でないといけないと思い込んでいます。**非HSPさんなら80点で満足するところを、HSPさんは90点でも、「なぜミスしたのだろう」と、落ち込みます。心に掲げる理想が高く、到達できないと手ぬきをしたように感じて、自分を責めてしまうからです。

「ミスはないだろうか」と、HSPさんはチェックに労力を費やします。このため人より仕事に時間がかかり、それを補おうと無理をしてでもがんばります。

目標が達成できなくて、ツライ

目標を立てても、なかなか達成できず、落ち込むことが多い。

●ヘトヘトになるまでがんばる

周囲から「仕事が丁寧でまじめ」と思われているＨＳＰさんは、人の期待を裏切りたくないので、すべてのことに全力投球します。

全力投球すれば、誰でもエネルギーを消耗します。 ＨＳＰさんはいつも全力投球しているので、ヘトヘトになるまでがんばるのが当たりまえになっています。

このため、心身をすりへらしてがんばったあと、家に帰るとしばらく放心状態。動けなくなるほど疲れ果ててしまうのです。

◎仕事の進捗
考えすぎて身動きがとれない

●じっくり考えてからでないと動きだせない

仕事をするとき、迅速に判断してどんどん仕事が進められる人もいれば、じっくり慎重に考えてからでないと、行動できない人もいます。ＨＳＰさんは、後者のタイプです。ひとつのことをさまざまな角度から眺めて考察する力がありますが、単純な入力作業中でも「この数字はあのときの売り上げにつながっているのかなぁ……」などと**あれこれと考察しはじめるので、簡単な仕事に人より多くの時間を費やして**しまいます。時間がかかりすぎるので周囲から低い評価を受け、自分でも自分の能力に否定的になることがあります。

小さなことでも気になる

なんでここの数値が
上がってるのかな

▼

なにか意味が
あるのかも

▼

あの仕事と
関係あるのかな…

●最悪のケースを想定している

物事を深く考察するので、ＨＳＰさんはつねに頭のなかで最悪のケースを想定しています。このため危機管理能力が高く、トラブルが起きてもすばやく対応することができます。

けれども、**現実に起こりそうにないケースだとしても、最悪の事態をシミュレーションせずにいられない**ので、いつも緊張してプレッシャーを感じています。必要以上に慎重になり、仕事が思ったようにはかどらず悩む人もいます。

◎自己否定①

自分に対して、自信がもてない

●〝自分なんて〟と思ってしまう

ＨＳＰさんは自己肯定感が低い人も多く、自分よりも他人の評価軸に合わせようとする傾向があります。

しかも、人の言葉や微妙な心の動きを敏感に察知するので、必要以上に気をつかったり、相手の思いを深読みして神経がクタクタになったりします。

たとえば、上司から**「無理しなくていいよ」と、言われると、「そうは言っても、内心はがんばることを期待しているはず」と、**気をまわしてがんばり、疲れてしまいます。

また、自分の設定した目標どおりに仕事が進まなかったり、時間がかかったりすると、

自分を
過小評価する
傾向があります

「上司にできないヤツだと思われた」と、勝手に思い込んで落ち込みます。

こんなふうに落ち込みだすと、頭のなかではネガティブ思考が暴走をはじめます。そしてついには、「自分は不要な人間なんだ」という自己否定にたどり着いてしまうのです。

●周囲の人と違う自分が嫌いなことも

ＨＳＰさんは、ちょっとした変化に気づくのが得意なので、自分と他人のささいな違いに気づき、それについて深く考察します。

人は違っていて当たりまえですが、自己肯定感が低いＨＳＰさんは、他人の評価軸に合わせて考えがちなので、人との違いを見つけると、**「自分のほうがおかしいのだ」と、考えます。**自分の敏感さを長所ととらえることができず、「なぜこんなに弱い人間なのだろう」と、自己嫌悪に陥ってしまうのです。

人との違いに気づけば気づくほど、「自分がおかしい」という思いが強くなり、すべてを自分のせいにして孤立感を深めます。

◎自己否定②

意見を言うことができなくて嫌

●八方美人のようになってしまうことも

会議で相反する意見がでたとき、どちらに賛成するかをはっきり言うことができるでしょうか。ＨＳＰさんは、**人の意見を否定するのが苦手**で、あいまいな態度をとって「八方美人」と、非難されることがあります。

これは、ＨＳＰさんが、相手が望んでいることを敏感に感じとり、望みどおりに行動しようとするからです。また、意見を否定された人が悲しくなると、自分も共感して悲しくなることがわかっているので、そうなることを避けたいのです。

この結果、どちらの意見も否定できず、「なにを考えているのかわからない」と、ネ

八方美人のようになりがちで嫌

ガティブな印象をもたれてしまいます。

●いつも無難な答えを選んでしまう

つまらなかった映画でも、友だちに「おもしろかったね」と言われると、ＨＳＰさんはついうなずいてしまいます。空気を読んで、周囲が期待する答えを選ぶからです。

いつも他人の目を意識し、「こんなこと言ったら場違いかな」と考えて発言するので、思ったことが言えません。あとで「なんで自分の意見を言えなかったのだろう」と自分を責めて落ち込みます。

Column

外向的な HSPさんもいる

内向的とは、意識が内面に向かいやすく、内的世界に関心をもつ人です。感受性が豊かな点など、HSPさんと多くの共通点があるので、一般にHSPさんは内向的と思われています。けれどもじつは、HSPさんの30%は、外向的なタイプです。

外向的なHSPさんは目新しいことが好きで社交性が高く、大勢と過ごすことを好みます。感覚はとても鋭く、音、光、匂いなどの刺激に反応するので、情報処理に時間がかかります。

内向的なHSPさんはもともと社交的でないので、刺激を自然に抑えることができますが、外向的なHSPさんは、自分の限界をこえて活動し、心身に大きな負担をかけてしまうので注意が必要です。

第2章

職場の人間関係がツライ

仕事中
カタ カタ
そろそろ
休憩しよう
カッカッ
きょうは ゆっくり
仕事できそう
TEA
田中さん
ピリピリ
ビクッ
はっ
はい！
この企画だけど
もっとつめたほうが
いいわよ
バン
ええ……
怒ってる？
どうしよう
カッ カッ カッ
企画書

しょぼん
私ってダメだな
全然うまく
できない
また失敗したら
どうしよう…
大丈夫？
あの人　機嫌悪いと
人に当たるんだよ
ほんとうは
すごく
ショックだけど……
全然！
私の企画書
完璧じゃなかったし
先輩も　きっと
私のために
言ってくれてるんだよ♪

……そっか
うん！
あれ？
気を　つかわせちゃったかな……
モヤッ
せっかく気にかけてくれたのになんだか悪かったかな……
モヤ
トコトコ
モヤ
集中しなくちゃ
カタ　カタ
ダンダン!!
あ～もう

ダンダン
浜口さん すすごく イライラしてる
どうしたんだろう
ダンッ
ダンッ
ダンッ
しゅるる
負のエネルギー
ずしっ
自分のことじゃないのに気になる
あ！また ミスタイプしちゃった……
結局残業…
グッタリ
毎日 なんでこう疲れちゃうのかなぁ
トボトボ
どうすればいいの～～
バタン

◎切り離す

相手の不機嫌はあなたのせいではない

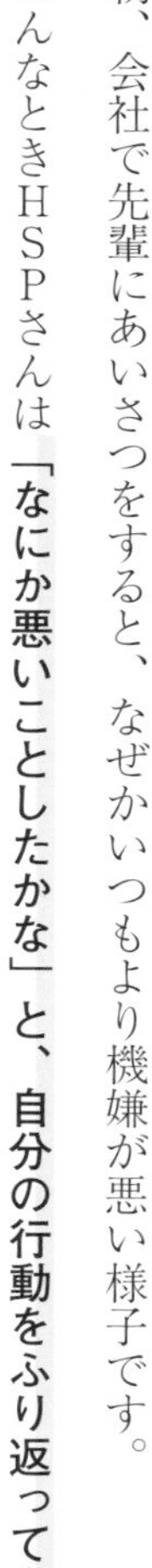

●不機嫌な人がいると、気になる

朝、会社で先輩にあいさつをすると、なぜかいつもより機嫌が悪い様子です。

こんなときＨＳＰさんは**「なにか悪いことしたかな」と、自分の行動をふり返って心配になることがあります。**

ＨＳＰさんは感度が高く、表情やしぐさから敏感に人の気持ちを察するので、他人の不機嫌さに誰よりも早く気づきます。しかも、自己肯定感が低く他人の評価軸に合わせがちなので、人が不機嫌になると、自分のせいだと感じてしまいます。

また、他者との境界線がもろいＨＳＰさんは、不機嫌な人といると自分もイライラしてきます。そこで「なんとかしなくては」という思いが強くなり、人一倍気づかいをすることになるのです。気づかいがうまくいけばよいのですが、ときには「ほっといてよ」と、かえってうるさがられ、自責の念にかられることもあります。

●相手のイライラは〝相手の問題〟と切り離して考えよう

不機嫌な人を見たとき、ＨＳＰさんは「自分のせいでは」と、不安になるかもしれませんが、非ＨＳＰさんは「きょうは機嫌が悪そうだから、近づくのはやめておこう」と、考えます。これが、「他人を切り離して考える」方法です。

あいさつした相手が不機嫌でも、それは相手の問題。自分はきちんとあいさつをしたのだから、それ以上悩む必要はないはずです。もしも不機嫌の理由があなたにあれば、そのうちあなたになにか言ってくるかもしれません。あなたは、そのとき対応すればいいのです。

不機嫌の理由は、本人にしかわかりません。あなたが気にしなくても大丈夫です。

◎相談

相談するのは、いいことだと考える

●「なんか悪いかな」と思って相談しづらい

わからないことがあっても、忙しそうな上司に相談するのは気が引けるものです。とくにＨＳＰさんは相手の状況を敏感に読むので、**気をまわしすぎて**なかなか相談できません。また、自己肯定感が低いと、「こんなことを聞いたら、仕事ができないヤツだと思われそう」と、ビクビクし、足がすくんでしまうのです。

ときには、相談せずにムダな時間と労力を費やし、あとになって「なぜ早く相談しなかったんだ」と責められることもあります。こんなとき、「お忙しそうだったので」と事情を説明すると、かえって「弁解がましい」と叱られ事態を悪化させてしまいます。

相談の予告をする

○○について、
お時間をとっていただいても
よろしいでしょうか

いきなりではなく、相手に相談があることを予告しておくと、心の準備もしやすくなる。

●相談は相手の承認欲求を満たす

わからないことがあるとき、隠してもいいことはありません。相談したぐらいで「仕事ができないヤツ」と思う人はいないので、安心してください。人は相談されると、頼られていると感じて承認欲求が満たされます。喜ぶ人が多いので、遠慮せずに堂々と相談しましょう。

日ごろから、同僚などに「ペンを貸していただけませんか」など、お願いの練習をしておくと、相談をもちかけやすくなります。

◎自分の意見

小さなことから意見を言ってみる

●まずはプライベートからはじめる

人の意見に合わせがちなＨＳＰさんでも、**練習すれば自分の意見が言えるようになります**。職場はハードルが高いので、まずはプライベートな会話からはじめましょう。たとえば、あなたは犬派なのに、友だちが「ペットなら猫よね」と言ったとします。「私は猫にあまり興味ないんだ」と、答えましょう。そして「私は犬が好き」と、続けます。「私」を主語にすると相手への拒絶感がへり、自分の意見を述べることにつながります。こうした練習を、野球の素ぶりのようにくり返し、日々実践してください。気づいたときには、職場でも自分の意見を自然に主張できるようになっているはずです。

ふだんの会話に“自分らしさ”を入れてみる

あなた　朝はごはん派？　パン派？

相手　私はごはん派かな～

あなた　私はごはんはあまり食べないかな～
私はパンが好きなんだ

ポイント①

主語を「私」にして、
否定の言葉を入れる

主語を「私」にして否定することで、相手の意見そのものを否定するのではなく、あくまでも「私の意見」というニュアンスがでる。

ポイント②

自分の好きなものを主張する

自分の好みを言い切ることは、自分の意見を主張することと同じ。

◎気づかい

手伝いを申してる前に自問自答する

●他人がたいへんそうだと、落ち着かない

ＨＳＰさんは、他人が忙しくてたいへんそうな様子を見ると、敏感に空気を感じとって自分も落ち着かない気分になります。

「忙しそうだな」「大丈夫かな」と、相手のことが気にかかるので、自分に時間的・体力的余裕がなくても、つい「なにか手伝えることはありますか」と、声をかけ、余分な仕事を引き受けてしまいます。

また、人から手伝ってほしいと頼まれると、その場の空気にのまれて承諾してしまい、自分の仕事を後まわしにしてまで相手を助けてしまいがちです。

●いったん〝優先度〟を考えてみて

自分を犠牲にして人のために尽くしてしまうＨＳＰさんには、「自問自答法」が役立ちます。空気にのまれそうになったら一度立ち止まり、こんなふうに自問自答してください。

①自分がいま、優先することはなにもない？　②ほんとうに、自分のサポートが必要？　③この問題は、自分の問題？

あなたに余裕がなければ、答えはすべて〝ＮＯ〟になるはず。この〝ＮＯ〟が自分と他人との境界線になって、人のために自分が犠牲になることを防いでくれるでしょう。

また、頼まれると反射的に「手伝います」と言ってしまう人は、「ちょっと待って」と、時間をもらう習慣をつけましょう。そのうえで、「お手伝いしたいのですが、いま、私も余裕がありません。手伝えずにごめんなさい」と、気持ちをそのまま伝えればよいのです。

◎断れない

断るときは、枕詞（まくらことば）を使って伝える

●断ったときの重い空気がツライ

ＨＳＰさんは、人からのお願いや誘いを断るのが苦手です。相手の気持ちがわかりすぎるので、断ったあとの**重い空気を想像するとしんどくなってしまう**からです。

けれども、依頼や誘いをすべて受け入れていると、人にふりまわされて疲れてしまいます。過度のストレスでうつ病を発症して休職に追い込まれる人も。残業や休日出勤を断ってもなまけたことにはならないので、自分を守るために堂々と断ってください。

断るという行為は、自分の評価軸で考えて行動することなので、自己肯定感がアップします。心に余裕が生まれ、その余裕で人をサポートすることもできるでしょう。

相手を
嫌な気持ちに
させないのが、
ポイント

枕詞＋適当な理由でやんわり断れる

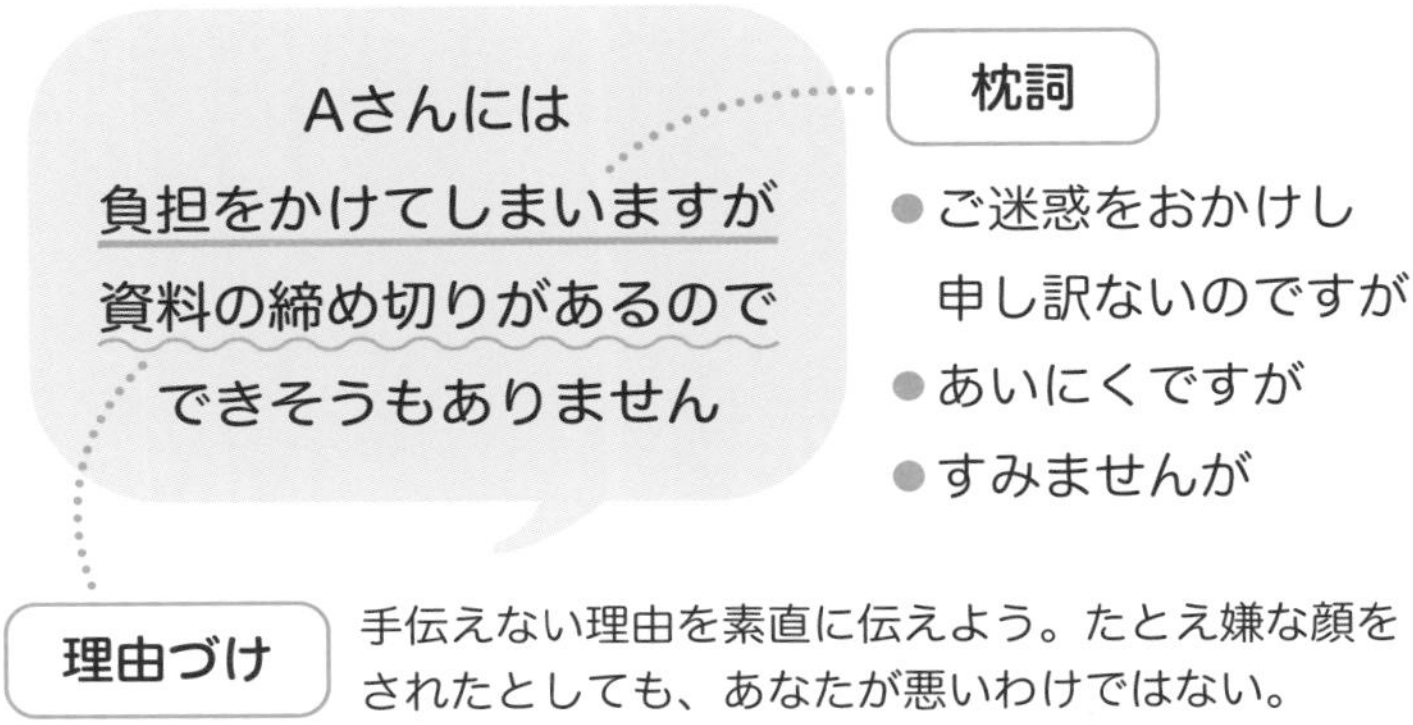

Aさんには
負担をかけてしまいますが
資料の締め切りがあるので
できそうもありません

枕詞

- ご迷惑をおかけし申し訳ないのですが
- あいにくですが
- すみませんが

理由づけ　手伝えない理由を素直に伝えよう。たとえ嫌な顔をされたとしても、あなたが悪いわけではない。

●〝50％断る〟で一歩前進

「できません」だけではさすがにそっけないので、必ず理由をつけましょう。また上記のような「枕詞」をつけると、やんわり断ることができます。いくつか用意して練習しておきましょう。

スパッと断りにくいときには、50％だけ断る方法もあります。たとえば、丸一日の休日出勤を打診されたら、「午前中だけなら大丈夫」と、**半分だけ受け入れます。これは逆にいうと、50％も断れたということになるのです。**

◎不安をへらす

不安はさりげなくその場で口にだす

●あとになって大丈夫かなと思うなら、いま聞こう

「来年はリモートで、A社で大勢が参加できるセミナーを開催します」

と、上司に報告したとき、

「あぁ、……いいんじゃない」

などとそっけない、あいまいな反応をされると、少々不安になるものです。

人の表情に敏感で、しかもひとつのことを深く考えがちなＨＳＰさんは、**「ほんとうによかったのかな」「間違っていたのかな」と、いつまでも不安を引きずります。**深読みしすぎて「評価が下がったかも」と、自己肯定感を下げて落ち込む人もいます。

モヤッとしたら、聞いてみよう

最初の返事がうわの空だったという可能性も。その場で相手に聞いたほうがスッキリする。

こうした事態を避けるには、不安をその場で口にだす習慣をつけることです。

相手の反応が気になったら、すぐ「なにか問題がありますか」と、尋ねてみるのです。すると、「全然、ＯＫ」などという返事が戻ってくるのはよくあることです。実際に問題があり、指導を受けたとしても、前向きな成長につなげることができます。

大事なのは、頭のなかであれこれ考える時間をつくらないこと。気になることがあれば、口にだしましょう。不安を家に持ち帰ってはいけません。

◎期間限定思考

嫌な人とは、期間限定の縁だと割り切る

●人間関係にもゴールをつくればラクになる

世の中には嫌な人がたくさんいますが、他人を変えようとしても、ほぼ無理。エネルギーのムダなのでやめましょう。では、上司との相性が悪かったり、パワハラに悩まされるなど職場の人間関係に日々苦しむ人は、どうしたらいいでしょうか。

まず、自分を犠牲にしてまでしがみつくべき人間関係や職場は、世の中にひとつもないと思ってください。ズタボロになるまで我慢する必要はどこにもないのです。

いま、すぐにやめるわけにいかないのであれば、人間関係の期間を限定してみましょう。**人は、どんなにツライことでもゴールが見えるとがんばれるものです。**「あと1年」

「オサラバ」期間を決めておく

とりあえず適当な期間を決め、こっそりカウントダウンをはじめてみよう。ゴールが目に見える形になると、さらに心の余裕ができやすい。

「このプロジェクトが終わるまで」など、自分なりの期間を定め、そのとき状況が改善していなければ転職しようと心に決めるのです。

じつは「期間限定」をすすめると、ほとんどの人は期限がきても転職しません。しかたなく残るのではなく、やめなくてもいいという気になるようです。

「どうせやめる」と開き直ると、**心に余裕ができて見方が変わる**のでしょう。「お互いに丸くなれた」「上司の悩みも理解できた」と、関係が好転するケースが多いのが不思議なところです。

◎逃げる

ときには逃げるが勝ちということもある

●がんばってつきあわなくていい

どんな集団にも相性の悪い人はいます。合わない人とは離れているのがベストですが、どうしても**距離が置けず、精神的負担になるのなら、逃げてください。**すぐに逃げられないなら、逃げる時期を明確に決め、逃げる準備をはじめましょう。

まじめなＨＳＰさんは、逃げることに抵抗を感じるかもしれませんが、「逃げるが勝ち」が正解です。サメに襲われて逃げる人を「臆病者」と笑う人はいないでしょう。

人間関係のストレスは、サメと同じぐらい命に関わります。どこまで耐えられるか、目測を誤るとたいへんなことになります。目測を誤ったためにボロボロに傷つき、立ち

“もう無理！”と
思っているなら、
逃げていいんです

上がるまでにとてつもなく長い時間をかけることになった人を数多く診てきました。
だからこそ無理せず、ツラい環境から逃げだし、新しい舞台で活躍してほしいのです。

●逃げるときに、自己分析してみよう

逃げるときには一度でいいので、客観的に自己分析し、改善点を見つけましょう。人間関係のトラブルに、一方が善人で一方が悪人ということはなく、必ず両方に改善点があります。気づかないまま新しい世界に飛び込むと、また同じトラブルを抱える可能性があるからです。ただし**改善点に気づいても、逃げる選択肢はとり消さないでください。**新たな人間関係に生かせばよいのです。また、悪いところに気づいても、落ち込むことはありません。自己分析することが人間的な成長を促してくれます。

新しい舞台では過去をふり返らず、目の前に集中してください。コツコツ積み重ねていくうち、過去から決別している自分に気づくでしょう。これが自信の核になります。核のまわりには雪だるま式に自信がつき、やがて大きな自信に育っていくはずです。

◎ビリーフシステム

イラっとしたら、一歩引いて考える

●人はそれぞれ、最強最大のこだわりがある

人はそれぞれ異なった価値観をもち、その価値観で善悪を判断しています。価値観は経験や出会った人により変化しますが、小児期に形成されたコアの部分は原則変わりません。これを「ビリーフシステム」といいます。

ビリーフシステムは**親や成育環境によって形成されるもの**で、その人の最大の価値基準です。このため、他人がビリーフシステムに反するとイライラし、怒りさえ感じます。

たとえば「あいさつはきちんとするのよ」と言われて育った人は、職場でのあいさつがなおざりな人の言動は、ひどく気に障ることでしょう。

ビリーフシステムを意識する

●自分を俯瞰（ふかん）して冷静になる

気づかいのできるHSPさんは、相手の都合を考えない人に「なんて無神経なの」と、いら立つことが多いかもしれません。怒りで関係を壊さないために、ビリーフシステムを意識しましょう。

人の言動にイラっとしたら

「あ、私、ビリーフシステムにひっかかってる」

と、一歩引いて自分を俯瞰します。そうすることによって、冷静さをとり戻すことができるでしょう。

◎バリアをつくる

目に見える境界線をつくってみる

●身近な物でバリアを張ることができる

HSPさんは人との境界線がもろいので、職場の空気に影響されたり、人の言葉で気分がふりまわされたりしがちです。こんなとき、バリアが役に立ちます。

まず、**自分でバリアと思える「物」を、デスクの上に置いてください。**卓上カレンダーやペン立てなど、なんでもかまいません。そして、それが自分を守るバリアだと認識します。ネガティブな空気を感じたら、そのバリアをじっと見て「人は人、私には関係ないこと」と、心のなかでつぶやきましょう。

バリアがあなたの心を守ってくれるので、気持ちが安定するに違いありません。

自分のバリア領域のつくり方

心が乱されそうなとき、バリアとなる物を見つめ、
自分にバリアが張られているのをイメージする。

◎会話術

誘うときは相手が断りやすい言葉をつける

●自分から声をかけるのが苦手なＨＳＰさん

外界からの刺激を感じやすいＨＳＰさんは、基本的にひとりでゆったり過ごすのが好きですが、たまには誰かとでかけたり、おしゃべりしたくなることもあります。ところがＨＳＰさんは、たとえ仲のいい友だちでも、自分から誘うのが苦手です。なぜなら、**相手が断ったときの空気を思うと耐えがたくなり**、誘う勇気がでないからです。また、もともとＨＳＰさんは人に誘われるのが苦手です。断りたいのに、相手に気をつかって承諾してしまい、ヘトヘトに疲れた経験がたくさんあります。このため、自分が人を誘うときも、**相手に精神的負担をかけているのではないかと心配になる**のです。

●〝自分がラク〟に思う誘い方をする

人を誘うときには、**自分ならどんな誘われ方をされれば「ラク」かを考えます。**

①余裕のある日程で誘う……その場でせかされるとプレッシャーになります。落ち着いて予定や気持ちを確認できるように、時間に余裕のあるスケジュールで誘いましょう。

②「断っても大丈夫」な雰囲気をつくる……断ったときの空気が重たくなるのは、避けたいものです。「無理なら遠慮なく言ってほしいのですが」「お忙しいとは思いますが」と、相手が断りやすい枕詞（まくらことば）をつけましょう。

③対面以外の方法で誘う……メールやＳＮＳなら、落ち着いて考える時間がとれます。また、空気を意識しないですむので、対面よりも断りやすいものです。

ＨＳＰさんは、断ったり断られたりしたときの負担を感じすぎる一面があります。非ＨＳＰさんは、断ることも断られることも「そこまでなんとも思っていない」ケースがほとんどだということも、頭の片隅に置いておきましょう。

◎気分転換
気持ちを切り替えるルーティンをつくる

●不安があることは悪いことではない

不安は、ネガティブな感情と思われています。人は不安を口にすると「ビクビクするなよ」などと言われるので、自分でも不安＝悪と思い込み、抑え込もうとします。

とくに、物事を深く考えるＨＳＰさんは、さまざまなリスクを想定して不安の種が尽きません。なぜこんなに臆病なのだろうと自分を責めてしまうこともあります。

けれども不安は、けっして悪いことではありません。不安がなければ、人は衝動的に行動し、命を危険にさらすこともあります。**不安は、いわば危機に備えるためのシグナル**。不安が強いＨＳＰさんは、慎重で危機管理能力の高い人なのです。

ルーティンはパッとできることに

職場でしやすい、すぐにできる動きをとり入れたものがベター。

●ルーティンでリセット

不安感にとらわれたり、イライラして集中できなくなったりしたときは、ルーティンを行うと気分がリセットできます。

方法に決まりはありませんが、**物を使わず、体だけでできる**屈伸や深呼吸、歩行などがおすすめです。深呼吸３回、２階から３階まで歩くなど、自分に適した量や回数を具体的に決めておきます。

あれこれ悩む前にルーティンを行えば、数分後には頭がスッキリして、次の行動にスムーズに移行できるはずです。

◎共感されたいとき

ツラさを相手視点の具体例に置き換える

●HSPさんの〝ヘトヘトさ〟はわかってもらいづらい

5人に1人とはいえ、HSPさんは少数派です。非HSPさんに「私はHSPなんです」と言っても、その感覚を理解してもらうのは難しいでしょう。

たとえば、会議で細やかに気をつかってヘトヘトになったとき、「HSPなので気をつかって疲れました」と言っても、「疲れるのはみんな同じ」と、相手にされなかったり、「もっとタフにならなきゃ」などとハッパをかけられたりするのがオチです。

HSPさんが生きやすくなるには、HSPであることを伝えるだけではなく、**自分の限界や苦手なこと、必要としていることをきちんと相手に伝える工夫**が必要です。

HSP さん
どうしでも、
感じ方は違います

キーワードは「○○と同じくらい」

●相手視点のたとえを使う

ツラさを理解してもらうには、相手が実感できる例を使うのが効果的。「徹夜明けの朝みたいに」などと、**具体的にイメージできる状況にたとえてみましょう。**

友だちや家族にも悩みを打ち明けられない人には、カウンセリングもおすすめです。カウンセラーには守秘義務があり、話が漏れる心配はありません。相手の精神的負担を気にせず、悩みをぶつけることができます。モヤモヤをすべて吐きだし、心をスッキリさせてください。

◎ペルソナ

必ずしも、素顔を相手に見せなくたっていい

●100%の自分を誰にでもさらけだす必要はない

ＨＳＰさんが人づきあいに疲れるのは、「誰にでも素の自分で接しないといけない」と、思い込んでいるからではないでしょうか。

非ＨＳＰさんの多くは、職場や家庭などそれぞれの場で、異なった自分を演じています。職場にはいろいろな人がいるのですから、すべての人に自分をさらけだす必要はないのです。大切なのは、その場で良好な関係を保つことだと割り切りましょう。

ＨＳＰを提唱したアーロン博士も、ＨＳＰさんには、**「最低限のマナーを守ってつきあうこと」**を推奨しています。相手が不快になるほど無愛想だったり、逆に無理をして

はしゃぎすぎたりしなければいいのです。他人とは適度な距離を保ち、落ち着いた関係を心がけてください。親密になりたい相手とは、少しずつ関係性を深めていきましょう。

●職場＝舞台で演じる役者になろう

アーロン博士は、ＨＳＰさんに「ペルソナ」を上手に活用することをすすめています。ペルソナとは、古代ローマの役者がつけていた仮面のこと。心理学では「人に見せる顔」を意味します。人は誰でもペルソナをもっていて、「先生」や「医師」「父親」など使い分けて暮らしています。ペルソナを使うと、素の自分をださずにすみます。

ＨＳＰさんも、職場にいるときには、「落ち着いた社員」「頼りがいのある先輩」など、**なりたいタイプのペルソナをつけましょう。**求められている役割に応じたペルソナをつけると、無理なく演じることができます。

職場という舞台でペルソナをつけたあとは、気兼ねなく素の自分に戻ってください。きょうも一日がんばったねと自分をほめてあげましょう。

Column

オンライン飲み会ってどうなの？

もともとHSPさんは飲み会が苦手な人が多いので、オンライン飲み会に誘われても、無理しないのがいちばんです。

オンラインだと対面に比べ、途中で退席しにくいというデメリットはありますが、逆にワンクリックで抜けられるという気軽さもあります。「50％断る」ルールで、「きょうは１時間で抜けます」など先に伝えておき、途中でさらっと退出するのも一案です。

また、対面と異なり全員がひとつのテーマで話すので、興味がない話題にも参加せざるをえなかったり、テーマが切れると一斉に静まりかえったりするのが耐えられないという人もいます。話がぐちゃぐちゃにならないように、事前に進行役を決めておくことを提案するといいかもしれません。

メリット

- ワンクリックで抜けられる

デメリット

- PC周りが気になる
- 話題切れのときの空気感がツライ

第3章

考え方しだいで、ぐっと心が軽くなる

スッ
金子さん
部長
カタ カタ
この企画書
すごくよかったよ
……
先輩
できました！
佐藤さんは
仕事が早くて
助かるわ～
金子さん
すごい！！
佐藤さん
ありがとう！
モヤ～

同期のみんなはすごく認められてるしどんどん成長してる!!
なんだか劣等感
それに比べて私って……
しゅん…
ほんとうにダメだ……
バイバイ
同期たち
置いていかないで
回想中…
残業
すみません! 私のミスでした!
うーん あと一歩だね

思いだしたら
自分のダメさに
悲しくなってきた……
劣等感の海
ううう
がんばって
そうだ
ときどき　はげまして
くれる人もいる……
でも
田中さんも
がんばって！
期待して
るからね
ムリ〜〜！
比べられ
てるって思うと
しんどくなる
う゛〜〜
なんで……

みんなができることが
私はできないんだろう
カタ
カタ
田中さん
は　はい！
ここのところミスしてたわよ
ミス！
す　すみません！すぐに直します！
ズドーン
よろしくね、
絶対　またダメなヤツだって思われた〜〜
うわーん

◎完璧主義からの脱出

100点はとらなくていい。60点で合格

●全力投球しても、報われないことはある

HSPさんは、何事にも完璧を目指して全力投球します。

けれども、**一生懸命やったからといって、必ずしも思いどおりになるわけではありません。**ちょっとしたアクシデントや状況の変化が不利に働くこともあります。むしろ、世の中では思いどおりにいかないことのほうが多いでしょう。

ところが、頭のなかに「完璧な理想像」を描き、いつも100点満点を目指してがんばるHSPさんには、ささいなミスも許せません。「なぜできなかったのだろう」と、ミスした自分を責め続け、ストレスを抱え込むことになってしまいます。

●結果が60点でも、それでいい

完璧主義でいると、理想と現実のギャップからなかなか逃れられません。

たとえ100点満点をとることができても、「また次も満点でなければ」というプレッシャーがかかるので、心は永遠にラクにはなれません。

そこで、合格ラインを60点と設定してみましょう。合格ラインとは、自分が納得できるラインであって、目標ではありません。たとえば100点を目指して努力して、60点しかとれなかったとしても、**「まあいいか」と、自分に合格点をあげるのです。**

いつも3回だった書類の見直しを2回にする、時間がきたら切り上げるなど、できる範囲を決めましょう。その範囲でできたことを「いまの自分」と、受け入れてください。できないことが4割あっても、それが心の余裕を生んで次のエネルギーになります。

HSPさんはがんばり屋さんなので、60点でも十分がんばっているはずです。できた自分をきちんと認めてあげましょう。

◎分けて考える

どうしようもない問題もあると認めよう

●「できない」ことを考えると、不安は強まるばかり

「うまくいくだろうか」と、先行きが不安になることは誰にでもありますが、とくに責任感の強いＨＳＰさんは、必要以上に思い悩みます。あれこれ考えるうちに不安がまして精神的に追い込まれ、堂々めぐりをはじめてしまうことも。これを心理的視野狭窄（しんりてきしやきょうさく）といいます。ひとつの考えにとらわれて、他のことが考えられなくなる状態です。

こんなときは、頭のなかにあることを「見える化」し、分けて考えてみましょう。

まず悩みを書きだし、**「自分が解決できそうなこと」と、「どうしようもないこと」に分類します。「どうしようもないこと」は、考えてもムダなので、頭から消します。**

たとえば上司や家族のことは、天気と同じように「自分ではどうしようもないこと」なので、考えるのはやめます。こうして、ひとつずつ分けて考えていくと脳内が整理され、いま、自分にできることと、やるべきことが見えてきます。

●できなかったとしても、あなたが否定されたわけじゃない

自己肯定感が低いHSPさんは、ひとつのミスでも自分を全否定し、さらに自己肯定感を下げてしまいます。でも、人は失敗したからといって人格を否定されるわけではありません。失敗の原因を「見える化」して分類し、冷静に整理しましょう。

まず、過去をふり返って**「自分でコントロールできたこと」と、「できなかったこと」を分けて書きだしてください。「コントロールできなかったこと」は、それ以上考えても時間がもったいないので、頭から消します。**

「コントロールできたこと」については見直し、課題があれば次回に役立てましょう。

自分が精いっぱいやったのなら、それ以上考える必要はありません。

◎自己肯定感①

「負け」は人を支える力になっている

●自分と誰かを比較して、悲しくなる

自分よりきれいだったり、仕事ができたりする人を「うらやましい」と思うのは当然です。そんなとき、くやしさをバネに「よし、私もがんばろう」と、思える人もいれば、**自信をなくして落ち込む人もいます。HSPさんは、どちらかというと後者です。**

もともと自己肯定感の低いHSPさんは、負けたと思うとさらに自己肯定感が下がります。人から「あなたもがんばれば」と、ハッパをかけられるかもしれませんが、張りあうのが苦手なら、無理することはありません。

HSPさんにとって大切なのは、「自分は自分」と、考えること。**比べてもいいけれ**

共感力の“糧（かて）”にする

負けた経験は、共感力の糧となる。多くの人のよき相談相手になれるはず。

ど、**「あの人も努力しているはず」と、相手を尊重し、自分と分けて考えましょう。**

●“よりそう力”に生かす

人に「負けた」と感じると、ＨＳＰさんは「自分なんて誰の役にも立たない」と、思いがちですが、それは間違いです。

人は、共感してくれる人の言葉に救われます。ＨＳＰさんのように多くのツラさを経験している人は、**同じように苦しむ人によりそえ、それだけ多くの人を救うことができるのです。**必ず誰かの力になれることを、忘れずにいてください。

◎自己肯定感②

成功体験は小さなことでいい

●過去の成功体験が「自信」をつくる

成功する人の多くは自信家です。しかも、なんの根拠もない強い自信をもっています。人は自信があると、「やる気」を促す脳内物質ドーパミンが分泌されます。するとモチベーションが上がって仕事がはかどり、いい結果につながります。結果が評価されると承認欲求が満たされるので、脳内ではさらにドーパミンが分泌されます。

こうして自信は好循環を生み、実績となって積み重ねられていきます。

とはいえ、自己肯定感の低いＨＳＰさんは、自信をもつのは難しいものです。そこで、自信をもつために、**過去の成功体験を呼び起こしましょう。**「仕事が早く終わった」「親

成功体験で自己肯定感アップ

どんなささいなことも成功体験。
できたことを思いだしてみよう。

切にしてほめられた」など、うれしかったことを思いだすと、「私、いいかも」と、自信がもてるようになります。

●小さなステップを積み重ねる

成功体験が見当たらなければ、これから積み重ねていきましょう。まず、**「1か月間、上司に明るくあいさつする」など、小さな目標を定めます。**家族や友人に伝えておくと、成功率がアップします。

達成後は延長するか、さらなる目標を掲げてください。小さな目標を達成するたび、確固たる自信が築かれていきます。

◎自己肯定感③

失敗した自分は、成功の途中にいる

●「失敗した＝自分の価値が下がる」は間違い

自己肯定感の低いＨＳＰさんは、失敗すると激しく落ち込んでしまいます。

そんなとき、失敗で自分の価値が下がると考えていたら、それは大きな間違いです。**失敗は、気づきと学びの機会。**必要以上にネガティブになっては、せっかくのチャンスを生かすことができません。

世の中には、一度も失敗を経験せずに成功した人はいません。**人は失敗をくり返しながら学び、成功にたどり着くからです。長い目で見れば、失敗は「成功の途中」といえるでしょう。**また、失敗した人は、人に自分の経験を伝えることができます。あなたの

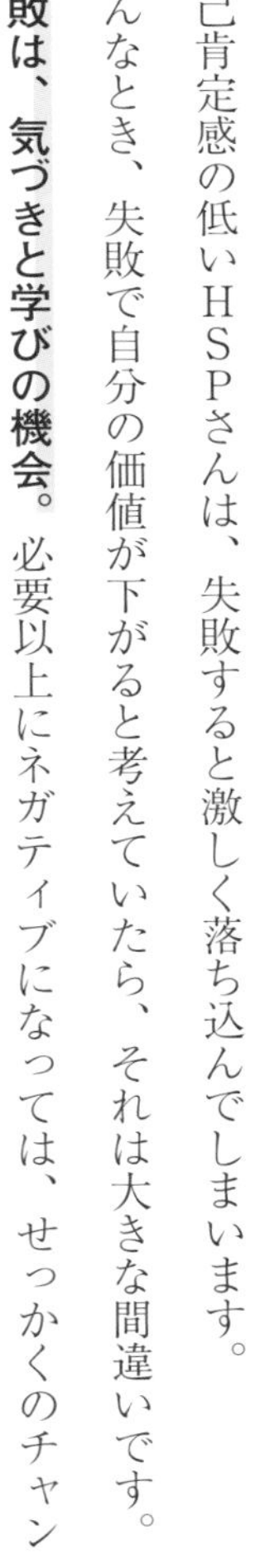

失敗は、多くの人にも貴重な財産なのです。失敗から多くを学ぶために、失敗に対する考え方を変えましょう。

●失敗を分解すると、自分の〝ほめポイント〟が見つかる

自分の思ったような結果が得られなかったとき、「どうしてダメだったのだろう」と考えると、失敗ばかりに意識が向いて、さらにネガティブになってしまいます。

まず、**全体のプロセスをふり返り、①企画 ②社内調整 ③プレゼン ④商談、のように、細かく分解してみましょう。**そして、まずはうまくいったところに注目し、どこまで成功だったのかを評価します。

そうすれば、「ここは前回よりもよかった」と、自分の成長に気づくこともできます。

冷静になって心に余裕ができたら、うまくいかなかったところを考えましょう。周囲にも協力してもらうと、ひとりでふり返るより生産的な知見が得られるかもしれません。

ひとつの失敗からは、とても多くの学びが得られます。次に生かしていきましょう。

◎発想転換

ないものねだりから「あるもの感謝」に

●いま、もっているものを考えてみる

自己肯定感が低いと、「あの人みたいになれたらなぁ」と、いつも人と比べがちです。そんな「ないものねだり」がクセになっているとしたら、「あるもの感謝」の発想に転換しましょう。たとえばいま、あなたの衣食住が満たされている環境は、多くの人の力で成立しているはず。また、あなたが「もっていて当たりまえ」と思っているものにあこがれている人も、たくさんいるでしょう。

なにが足りないかを考えるのではなく、自分がもっているものに気づき、感謝しましょう。 ありのままの自分を肯定できるようになります。

背景にいる人を思い浮かべる

自分がもっているものが自分に届くまでのプロセスを考えて、つながる人を連想する。

会社に着ていくお気に入りの服も、デザイナーや縫製の人、販売員など多くの人の力でつくられている。

あなたが会社で食べるちょっとしたおやつも、原材料をつくっている人や商品開発の人、売り場の店員さんなどがいて届けられるもの。

建築家やプランナー、大工、不動産の人、管理人など、多くの人が携わっていて、毎日帰る家がある。

◎認める

ときにはあきらめたって大丈夫

●あきらめることは、勇気ある立派な行動

多くの人は、防災グッズや保険でリスクに備えていますが、人生には見落とされがちなリスクがあります。それは、「がんばりすぎる」ということです。

私たちは「がんばることはいいこと」と、教え込まれ、心にムチを当てて走り続けます。エネルギーには限界があるので、いつしか枯渇（こかつ）してしまいますが、それでもがんばり続け、心身ともに危険な状態になる人もいます。

そうならないために、どこかでスパッと割り切って、**あきらめる勇気をもちましょう。「あきらめる」という決断は、いわば人生レベルでの重要なリスク管理なのです。**

どの道に進んでも、胸を張っていい

●自分の幸福を優先する

そもそも人の能力には個人差があり、誰にも得手不得手があります。**仕事でのがんばりの先に必ず幸せが待っているわけではなく、がんばらなくても幸せな人はたくさんいます。**

ＨＳＰさんは、周囲の評価にふりまわされて自分のことがおろそかになりがちですが、もっと自分を大切にしましょう。

とりかえしがつかなくなる前に、苦手なことは苦手だと認めて、ありのままの自分を優先してあげてください。

Column

在宅ワークにもよしあしがある

敏感なHSPさんにとって、在宅ワークは刺激が少ないのでやりやすいという声もあります。一方、仕事のオンとオフの切り替えが難しく、つい働きすぎてヘロヘロになってしまう人もいます。

おすすめなのが、ポモドーロテクニックです。これは、トマト型のキッチンタイマー「ポモドーロ」から名付けられた方法で、タイマーで時間を管理します。25分作業＋5分休憩という短時間集中のくり返しが、もっとも生産性を高めるとされています。3〜4セットが上限で、終わったらちょっと長めに休憩をとるとよいでしょう。時間がきたら、仕事の途中でも必ず手をとめ、休憩するのがコツです。

会社の就業時間に合わせて使ってみると、より効果的かもしれません。

25分たったら、きりが悪いところでも休む。仕事をはじめるときは、0から1踏みだすより、半歩から一歩のほうが踏みだしやすい。

第4章

テクニックで、ストレッサーをへらす

バタ
あの
資料って
どんなかんじ？
バタ
未読チェック
RRR
バタ
あ～
忙しい～～
やることいっぱい
きょう
やろうと
思ってたのに
A社の仕事も
B社の仕事も
思ったより進まない
プルル～
また
電話…
あ
はい
え～っと……
上半期 販売数
あれ？

!?
もしもーし!
なんで8月だけ売上げが高くなっているんだろう? 時期がよかったのかな?
顧客層ってどうなってたっけ?
調べてみよう
カタ カタ
田中さんこの件ってさ
部長!
はい! それはですね
なるほどじゃあここは…
了解! 引き続きよろしく頼むよ
はい!

!
他の資料も
項目を追加したほうが
分かりやすいかも……
もう一度　見直そう
資料のファイル
どこだっけ？
パソコンの
ファイルの
整理も
しないと……
チラッ
ん？
ぺこっ
今村くん
△△商事へのメール
お願いされてたんだった
えーっと
どう書いたら
いいかな
部長の件も
早くしないと
そろそろ
会議の資料も
コピーして……

みこの頭の中
資料の修正
部長の依頼
顧客層リサーチ
タスクがどんどん増えていく〜〜
会議資料
△△商事へのメール
ファイルの整理
定時
ハッ
もう　こんな時間……
グッタリ
なにひとつ終わってないよ〜
ダメだ……
やることがどんどん増えて
全部
中途半端のまま
一日が終わっちゃった……
なんでこうなるんだろう……

◎無理しない①

同時ではなく、優先順位を決めてこなす

●同時進行ではなく、ひとつひとつこなしていく

世の中には、いくつもの仕事を同時にこなす「マルチタスク」が得意な人もいますが、**HSPさんは、ひとつのことをじっくり行う「シングルタスク」向きです。**

ところが会社では、仕事中に電話を受けたり、他の仕事を頼まれたりするので、HSPさんはなかなか集中できません。業務が思うように進まず、すべてが中途半端に感じて、「私、なにしてるんだろ」と、自己肯定感が下がってしまいます。

まずは、やるべき仕事をリストアップしましょう。優先順位の高いものから順に箇条書きし、ひとつずつとりかかります。

このとき大切なのは、ひとつの作業をはじめたら、それ以外は一切考えないこと。「いまの自分の仕事はコレ」と腹をくくり、他の仕事に気をまわすことはやめます。仕事を頼まれたときは、第2章で紹介した「自問自答法」を使って優先度を見直してください。

●〝全部はできない〟は当たりまえ

仕事をリストアップすると「全部終わらせなくては」と考えがちですが、それは間違いです。仕事をしている以上、やるべきことはけっしてなくならないからです。

Aの仕事が早く終わったらBの仕事が入ります。Bの仕事の途中でCの業務が発生することも。そんなふうに仕事はゼロになりません。だとしたら、**はじめから「全部終わらせる」ことなど考えず、「できるところまでやればいい」と考えたほうがいいのです。**

できないことはスパッとあきらめましょう。残りは誰かがやってくれます。あなたがやらなくても会社はつぶれませんが、全部やろうとすれば、あなたがつぶれます。自分を大切にすると心に余裕が生まれ、いい仕事につながるでしょう。

◎無理しない②

人の視線は壁をつくってカット

●視野を狭めることで、ストレスを軽くできる

「私って自意識過剰？」と自己嫌悪に陥っていないでしょうか。オフィスで人の視線が気になるときは、**物理的な「壁」をつくってみましょう。**

デスクまわりに物を積んだり、位置を微妙にずらす工夫をします。デスク間が透明なパーテーションで、すでに仕切られているなら、自分側にふせんをはってみると、顔を隠すことができるので、さらに壁っぽくできます。

また、フチの太いめがねをかけると、視野がさらに狭まり、落ち着くという人もいます。伊達めがねでもいいので、試してみるのもいいですね。

デスクまわりの物の配置を工夫する

他人の視線をカットするように、
デスクまわりに物を配置していく。

PCが自分の視線の高さにくるので、正面からの視線カットに。

デスクの横側に置くことで、隣のデスクとの間の壁のようにできる。

◎時間を決める

時間を決めて、思考を切り上げる

●〝考える〟そのものはいいこと

ＨＳＰさんはひとつのことをさまざまな視点から考察するので、見落とされがちな小さなミスや危険性に気づくことができます。仕事を進めるときには大胆さも必要ですが、ＨＳＰさんのような深い考察と慎重さは欠かせません。

一方で、ＨＳＰさんはあれこれ考えるあまり、思考から抜けだせなくなってしまうことがあります。**「ああだったら」「こうだったら」と、あれこれ仮定して悩んだり**、「ああすればよかった」と、後悔して自分を責めたりします。

深く考えることは大切ですが、過去を悔やんだり未来を恐れたりするなど、答えので

考えることに集中する

あれこれしながら、ずーっと考えるのではなく、短時間で集中して考えて結論づける。

ない堂々めぐりはやめましょう。

●制限時間をつくる

思考にはまりそうになったら、制限時間を決めて悩むことです。

「15分」「20分」など時間を決めて、その間は思う存分考えます。時間がきたら引きのばさず、思考を中断。それ以上考えることは、やめます。

制限時間内に「A」がいいと思ったら、「A」に決定してください。得られた答えが、いまのあなたに最善の選択のはず。一度決めたらふり返りません。

◎定型をつくる

電話対応やメールは、パターン化

●電話する前に、項目リストをつくる

ＨＳＰさんは、人の表情やしぐさなどで気持ちを察知しながら話をしますが、電話だと相手から得られる情報が声に限られてしまいます。このため、話し方や声色に神経を集中させて疲弊（ひへい）し、ペースが乱れてうまく用件が伝えられないことがあります。また、留守番電話に切り替わると焦ってしどろもどろになってしまい、電話を切ったあとで「ちゃんと伝わったかな」と、不安になることもあります。

電話をかけるときには前もって、伝える内容を書きだしておきましょう。リクエストすること、尋ねることを箇条書きにしておくと安心です。

留守番電話で伝える内容はほぼ決まっているので、電話の近くにテンプレートをはっておきましょう。名前と所属、用件、折り返し電話がほしいのか、こちらからかけ直すのか、など。折り返しが必要な場合は電話番号も伝えます。最後に伝言を聞いていただいた感謝で締めくくります。

●メールは書きだしと締めの言葉を決めておく

ＨＳＰさんは「礼儀正しくしなくては」と思うあまり、メールの文面をつくるのに時間をかけすぎる傾向があります。仕事のメールは、要件の内容が大事。書きだしや締めの言葉など、たいていの人はそこまでこだわらないので、気にする必要はありません。その分、大事な仕事に時間をかけましょう。

基本的には、書きだしなら「お世話になっております。〇〇です」、締めの言葉なら「よろしくお願いします」で、十分です。必要に応じてテンプレートをいくつかつくっておき、相手先や事業に応じて使い分けると手間と時間が節約できます。

◎的をしぼる

大勢での会議は1対1感覚でのり切る

●たくさんの人の空気が伝わってくる会議はツライ

会議などで大勢をまえに発言するのは、とても勇気がいるものです。とくにHSPさんは場の空気を読むので、**「こんなことを言ったらあの人に反対しているこことになるかも」などと心配して**、思ったことを口にだせません。参加者全員に肯定的な意見を言ううち、「八方美人」「自分の意見はないの」と批判されてしまいます。

せっかくHSPさんに備わっている深い洞察力も、言葉にしなければ評価されません。「言えばよかった」と、モヤモヤした気持ちを抱え続けるのはやめて、自分の意見を述べられるようにしましょう。大事な場面で発言するにはコツがあります。

●話すときは議長に注目

話すときのコツは、議長のほうを見て、1対1で話している感覚をもつことです。発言の途中で他の参加者の顔を見ると、「興味なさそう」「反対かも」などと気になり、自信がなくなって話しにくくなります。議長に集中しましょう。

プレゼンが上手な人は、みんなの顔を見ながら語りかけますが、あれは上級テクニック。第一段階として、議長など決定権のある人だけに伝えようとするのが得策です。

また、なかには人前で話すときに赤面するのが恥ずかしいから嫌だという人もいますが、じつは赤面にはいい効果もあります。

ある心理実験によると、人は、赤面している表情に好感をもつといいます。赤面は、いわば倫理観の現れなので、それを見た人は、赤面した人に信頼感を抱くというのです。かっこいいプレゼンだけが、人の心を動かすわけではありません。赤面しながらでも一生懸命伝えようとする熱意は、あなたが思う以上に人の心に届くものです。

◎間をつくる

質問されたら意図を聞いて時間を稼ぐ

すぐに返事しないようにしましょう

●条件反射で「大丈夫です」と言ってしまいがち

上司から「きょう午後時間ある？」と聞かれたら、あなたはどうしますか。

ＨＳＰさんは、とっさに「仕事を頼まれたら嫌だな」「なにかミスしたかな」など、いろいろなことが頭に思い浮かぶでしょう。でも、相手を待たせるのは失礼だとも思っているので「早く返事をしなきゃ」と焦り、考えがまとまらないうちに「大丈夫です」と、承諾しがちです。そして、めんどうな仕事を頼まれるハメになることも。

反射的に相手に同調するのを避けるには、「一拍置く」ことです。「時間ある？」と聞かれたら、「なにかありますか？」と、相手の意図を聞いてみましょう。一拍置くと、

先に相手に理由を聞く

考えをまとめる時間が生まれます。相手を待たせているという焦りがないので、冷静に考えることができます。

●高圧的な人にはメールや電話で

ＨＳＰさんは高圧的な人との会話では、相手を怒らせないように気をつかって、言いなりになりがちです。

高圧的な人との話は、対面を避けること。即答せず、**「確認します」と切り上げ、メールや電話で答えましょう。**電話では、相手のペースに巻き込まれないように、伝えることをメモにしておきます。

◎言葉の力①

ダ行のネガティブワードは使わない

●自分の言葉が自分をしばる

HSPさんは自己肯定感が低い人が多いですが、自己肯定感を上げる方法は人によって合う・合わないがあります。そこで、比較的誰でも使える方法をご紹介しましょう。

それは、**否定的な言葉づかいをしない**ことです。

「どうせ私なんて」などの言葉は、自分の可能性を否定するものです。こうした否定的な言葉を使っていると、自分の言葉にしばられて成長できなくなり、自己肯定感はどんどん下がっていきます。「言霊(ことだま)」という言葉がありますが、人は言葉によってよくも悪くも影響されるのです。

これがネガティブワード

だって　でも　どのみち
だけど　どうせ
だったら　どうして
……など

●ログセに注意

とはいえ、言葉すべてに注意するのはたいへんなので、まず「言葉のはじめに『ダ行』は使わない（上記参照）」という原則を定めましょう。ダ行には否定的な言葉が多いからです。

「せっかく」「私なんか」など、他の否定的表現も避けます。

否定的表現は、会話の相手にも「否定された」という不快な印象を与えます。

否定的な言葉をやめれば、周囲と気持ちよく話ができるようになるでしょう。

◎言葉の力②

気分の落ち込みはア行とハ行でストップ

●気分の落ち込みを自己否定につなげない

落ち込みそうになった気分を引き上げてくれる言葉もあります。

それは、ア行とハ行です。たとえば、「きょうはうまくいかなかったな」と、落ち込んだとします。そんなときは「あはは」「うひひ」という言葉を続けてみてください。「失敗しちゃったな。うひひひ」これだけで、真剣に悩むのがアホらしくなりませんか。

悩みや失敗をなげいたあとにア行やハ行を加えると、どこかおかしく感じられて、笑い飛ばせる気分になります。「まあ、いいか」と、自分の限界を素直に受け入れられるので、自己肯定感を上げることにもつながります。

ア行＋ハ行は笑いにつながる

また同じミスを
してしまった

あははは

上司に怒られた

いひひひ

仕事の締め切り
過ぎちゃった

うふふふ

仕事が
進まないな

おほほほ

うまく
話せなかった

えへへへ

上のフキダシのなかの好きな言葉でOK。
落ち込んでいる出来事の語尾につけてみよう。

そんなに悩まなくてもいいかな

◎言葉の力③

「〜べき」は「〜だったらいいのになぁ」にする

●HSPさんは「〜べき」と思考する

HSPさんはつねに他人の評価軸で動き、人を満足させようとがんばってしまいます。しかも無意識のうちに完璧主義になりがちなので、手ぬきや雑な仕事が許せません。

「私が資料作成を手伝わないと」「部下のフォローをしないと」と、「するべきこと」で自分を追いつめ、少しでもうまくいかないことがあると、「私がこうするべきだったのに」と、自分を責めてしまいます。

こんなふうに日々義務に追われていたら、誰でも精神がまいってしまうでしょう。多くの人は自分の義務などそれほど意識せず、手ぬきをしながら生きています。

願望として受け入れる

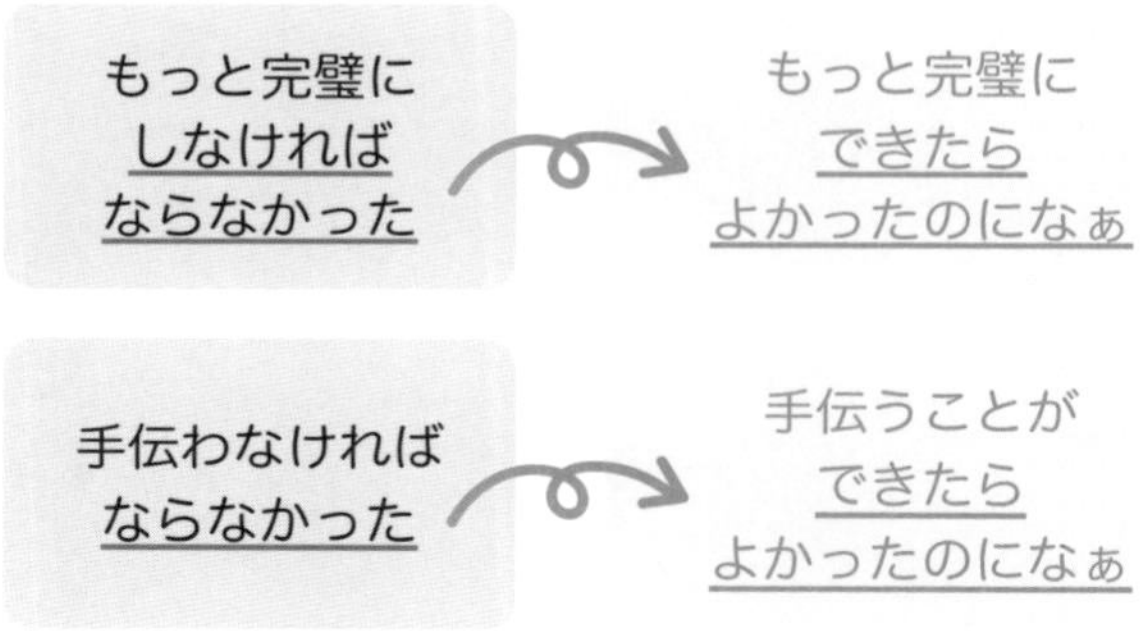

もっと完璧に
しなければ
ならなかった
→
もっと完璧に
できたら
よかったのになぁ

手伝わなければ
ならなかった
→
手伝うことが
できたら
よかったのになぁ

願望にして、できなくても「しかたがない」ことにする。

●義務を願望へ

「〜べき」は、「〜だったらいいのに」という願望に置き換えましょう。義務が果たせないと自分を責めてしまいますが、願望なら叶わなくてもいいのです。「叶えばよかったのに」と素直に受け入れることができます。

また、完璧にできなければ、心のなかで「人のせい」にしてしまいましょう。HSPさんはいつも自分を責めがちなので、たまには人のせいにするぐらいがちょうどいいのです。

◎客観的になる

ネガティブな気持ちは、メタ認知する

●物事のとらえ方をメタ認知にしてみよう

たとえば、いつも高圧的な人に叱責されているときは、「沸点も精神年齢も低い人だからなぁ」と分析。すると、怖い上司もちっぽけな存在だとわかります。

ミスを指摘され、「自分ってなんてダメなんだろう……」と落ち込んでいるときには、「自己否定のクセがでてるな」と考えましょう。

ＨＳＰさんは、ミスの指摘➡自分がダメだと思われているなど、頭のなかで、〝物語〟をつくってしまっているときがあります。メタ認知は、**事実をありのまま受けとめるために第三者視点に立つ**ことでもあるのです。

視野を広げると、
見えるものが
変わります

鳥の目で見下ろす

ネガティブな感情に支配されそうになったら、自分が鳥になって、自分や相手を上から見下ろしているのをイメージ。自分と周囲の様子を分析してみよう。

◎ポジティブ

5W1Hで視点を切り替える

●相対的な思考でポジティブに

同じ出来事でも、ポジティブにとらえる人とネガティブにとらえる人がいます。自己肯定感の低いHSPさんは、どちらかというとネガティブ思考。必ずしもポジティブ思考がいいとはいえませんが、ネガティブ思考がいきすぎると、自己肯定感が下がってしまいます。思考をポジティブに切り替えるコツも覚えておきましょう。

まず、ネガティブ思考の根本にあるのが「絶対的な思考」です。「私はプレゼンが下手」と思い込み、プレゼンをするたび「また失敗した」と、落ち込むパターンです。

ポジティブ思考にするには、視点を「相対的な思考」に切り替えます。このとき使え

どれかひとつを使って分析する

Who〈だれ？〉
「新人さんよりは」など。

What〈なに？〉
「1対1の交渉なら得意」など、他のことと比べる。

When〈いつ？〉
「以前と比べて」など。

Why〈なぜ？〉
「リサーチが足りなかった」などの理由。

Where〈どこ？〉
「会社で」「世界的には」など。

How〈どのように？〉
改善策を考える。

るのが、**5W1H（図参照）。「いつ」「だれが」などのキーワードです。**

たとえば「私は○○が下手」と思ったら、「入社時よりは進歩した」とか、「Aさんよりは下手でも、新人のBさんよりは上手かも」と、全体に自分を位置づけます。さらに「世界には戦争や飢えで苦しむ人もいるのに」などと視野を広げると、悩みがちっぽけに感じられます。

ただし「ポジティブになるべき」と、「べき思考」にならないよう注意しましょう。「なれたらいいなぁ」と、軽く思うくらいでいいです。

◎悩みを分解する

自分の悩みをリフレーミングする

●悩みの背景を知ることで、どうしたらよいかわかる

ストレスに対処する方法を、心理学では「(ストレス)コーピング」といいます。コーピングとは、「対処」という意味です。コーピングにはいくつか種類がありますが、そのうちのひとつに**「考え方を変えることによってストレスをへらす方法」があります。**

ここではとくに、コーピングのひとつ「リフレーミング」という手法を紹介しましょう。リフレーミングとは、「悩みの枠組み(フレーム)をとらえ直してつくり直す」という意味です。具体的には次のような手順で行います。

①悩みが生じる事実をとりだす……たとえば「企画会議のプレゼンが苦手」なら、どん

なときになにが起きるのかを考えます。すると、「プレゼンの際、うまく話せず言葉につまる」という具体的事実が見えてきます。

②なぜ、その行動や感情が生じたか、悩みの背景を考える……①の事実が起きる背景を考えます。「なぜ言葉につまるのか」を考えると、「周りの人は失敗しないので、自分も失敗できない」「自分の評価が気になる」「出席者の反応が怖い」などのプレッシャーが、悩みの枠組み（フレーム）だとわかります。

③フレームを見直す……②の枠組みは正しいのかを考えてみましょう。失敗がゼロの人などいないので、「誰も失敗しない」というのはあなたの思い込みです。また、プレゼンはあなたを評価するためのものではなく、内容が問われているはず。大事なのは伝える中身です。

人の反応が気になる場合は、P118で紹介した「1対1感覚」のテクニックで克服できます。リフレーミングは、悩みから抜けだす効果的な方法です。ぜひ試してみてください。

Column

職場の変化に慣れないときは

HSPさんは変化にとても弱いので、部署の異動はもちろん、業務内容や方法が変わっただけでも慣れるのに相当な時間とエネルギーを要します。環境が変わったときはけっしてがんばりすぎず、自分の心と体を最優先にしてください。

職場の変化で困りごとがでてきたら、上司や同僚に自分の気質や苦手なことを説明する必要もあるでしょう。そのためには、自分自身の気質をきちんと受けとめ、理解しておくことも大事です。

人にはみな個人差があります。周囲に合わせて無理をする必要はありません。

焦らず、慌てず、ボチボチ行きましょう。自分にたっぷりと時間を与え、大切にケアしていく姿勢を忘れないでください。

周囲の人と同じように
「早く慣れなきゃ」と
がんばらなくていい。

第5章

敏感スイッチをオフにする

平常心
集中
プルルルル
ザワ
プルルル
ザワ
ピー
よし！やっと休憩だ
みこちゃーん
ランチ行こう♪
せっかく誘ってくれたし断ったら気まずいよね……
空気を読めー!!
うん！いま行く〜
どこ行く？
イタリアンかなー

でねー
鈴木さんってー
カチャ
うそーーー！
そうなんだーー
意外ー
カチャ
課長って
みこちゃんに
きびしくない？
ペチャ
えー
そうかな？
わかるー
ねーー
クチャ
おいしかったねー
ありがとう
ございましたー
なんか……
疲れた……!!
まったく
気が休まらなかった

帰宅後
ただいま〜
バフッ
あぁ
疲れた〜
ボー…
…
明日の
仕事の
段どり
どうだったっけ？
頼まれた仕事の
締め切りは……
ビリ
ビリ
むくっ
そういえば
きょうも
課長に
怒られたな

課長ってみこちゃんにきびしいよねー
え
もしかして嫌われてる？
なんで？
嫌われるようなことなにかしたっけ？
ぐる
ぐる
どうしよう……
気になりだしたら眠れないよ～～
モヤモヤーン
ビビ
ビビ
明日　早いのに……早く寝なきゃ……
チュンチュン
ピピピピ
モヤ～ン
いろいろ考えてたらほとんど眠れなかった……
会社　行かないと
はぁ……

◎刺激をへらす①

雑音はイヤホンなどでシャットダウン

●まわりの音で集中できないなら、イヤホンを

多くの人が働くオフィスは、電話やコピーの音、話し声や足音など、さまざまな雑音であふれています。聴覚が過敏なＨＳＰさんは小さな音にも神経が刺激されて疲れてしまい、仕事に集中できません。また、仕事中に突然大きな音がすると、心臓がバクバクするほど驚いてしまいます。

音が気になるときは、耳栓やイヤホンで音を遮断してみましょう。最近ではノイズキャンセリング効果のあるイヤホンもたくさん市販されているので、自分に合った物を使えば、**聴覚の刺激をかなりへらすことができます。**

ただし、職場でイヤホンなどを使うときには、周囲の理解が必要です。音が気になって集中できないことを周囲に説明し、理解を求めるようにできるとよいでしょう。

イヤホンが使えない職場では、朝、ちょっと早めに出社して静かなオフィスで集中モードに入ると、途中で集中が切れにくいです。空いている会議室をひとりで使わせてもらうのもいいかもしれません。

●音以外に集中すると、落ち着くことも

どうしても音が遮断できない場合には、自分の意識をコントロールする方法も有効です。**聴覚以外の感覚に神経を集中させて、気を紛らわせましょう。**

たとえばパソコンで作業しているなら、キーボードを打つ指の触覚に意識を集中させます。ペンを持って書いている場合には、ペンの感触に集中します。

少々練習が必要ですが、こうして自分の意識をコントロールする習慣をつけると、物理的に音が遮断できないときにも仕事に集中しやすくなります。

◎刺激をへらす②

休憩時間中に3分間は目を閉じる

●目を閉じるだけでα（アルファ）波が生まれる

ＨＳＰさんは刺激に敏感で疲れやすい人が多いのですが、仕事中には思ったように休憩がとれないこともあります。そんなときおすすめなのが、「目を閉じること」です。

人は、外界から受ける刺激のうち８割が視覚によるものとされています。このため、目を閉じて視覚情報をへらすだけでかなりの刺激がへり、脳や体を回復させることができるのです。リラックスしている人の脳からはα波という脳波が発生しますが、じつは目を閉じただけで、α波が発生することがわかっています。

疲れたら、３分間続けて目を閉じてください。寝てしまいそうなら、半開きでもかま

目を閉じて脳を休める

休憩時間に３分間目を閉じると、脳を休めることができてリラックスできるうえ、目の疲れもとれる。

いません。３分間ボーッとするだけで神経が休まり、心身がリラックスします。イヤホンや耳栓を使ってもいいでしょう。

●仮眠で気力回復

お昼休みや残業前の仮眠も、心身のリフレッシュに役立ちます。

耳栓で音をシャットアウトしたり、好きなＢＧＭを流すとさらにリラックス効果が高まります。ＢＧＭはクラシックに限らず好きな曲でかまいませんが、歌詞のないもののほうが、気分が落ち着くという人が多いようです。

◎心を落ち着かせる①

物事を両手で行ってみる

●せかせか動くと、焦りは倍増する

突発的な仕事を頼まれたときや、予定外のことが起きたとき、ＨＳＰさんは焦りを感じることが多いのではないでしょうか。そんなとき、「がんばらなきゃ」と、せかせか動くのに仕事ははかどらず、ミスを重ねて悪循環にはまります。これは「焦り」に行動が支配されている状態です。

こんなとき参考になるのが、「行動から感情が生まれる」というジェームズ＝ランゲ説*です。これは、感情に行動を支配させず、行動によって感情をコントロールするというもの。いわば、「楽しいから笑うのではなく、笑うから楽しいのだ」という考え方です。

＊アメリカの心理学者 ウィリアム・ジェームズとデンマークの心理学者カール・ランゲによって提唱された説。

両手でゆっくりとした動きで

「書類を片手でパッととるのではなく両手でゆっくりとる」など、急いでいるときこそ、丁寧な動きを。

●丁寧な動作が余裕をつくる

ジェームズ＝ランゲ説は、いろいろな応用ができます。たとえば気持ちが落ち込むと姿勢も悪くなりますが、背筋を伸ばしてシャキッとすれば気分も上向きに。

焦っているときにおすすめなのは「両手で動作を行う」こと。せかせかしていると、たいてい人は片手で雑な動作をします。**「焦っている」と感じたら、あえて両手で物を持ち、丁寧に行動してください。落ち着いた行動をとっているうちに、心は落ち着きをとり戻すでしょう。**

◎心を落ち着かせる②

ひとりの時間を大切にする

●敏感スイッチをオフにする時間が必要

周囲の空気を敏感に察知するＨＳＰさんは、**他人といると心がなかなか休まらないことが多いです。敏感スイッチがつねにオンになっていて、張りめぐらされた神経のアンテナがピリピリしている状態です。**

こんな状態で一日過ごしていたら、どんな人でもクタクタになってしまうでしょう。ＨＳＰの気質と折り合いをつけて暮らしていくには、仕事の合間にも敏感スイッチオフの時間を確保する必要があります。

敏感スイッチは自動的にオフにできないので、自分で意識してオフにしなくてはなり

ません。この操作ができるかどうかで、ＨＳＰさんの生活の質ががらりと変わります。

●疲れたらひとりになってみる

職場では、ひとりになれる場所を見つけておきましょう。給湯室や人のあまり通らない廊下、階段の踊り場はどうでしょうか。更衣室やトイレでもＯＫです。

お昼には、いつも同僚とランチに行くのではなく、ときにはお弁当を持参してデスクで食事をとるのもいいでしょう。知り合いがあまりいないカフェを見つけておくと、ひとり静かに息ぬきできます。

休憩時間の仮眠は、とくにおすすめです。前述のように、数分間目を閉じて休むだけでも刺激を大幅にシャットアウトできます。

できれば一日に１時間以上ひとりの時間を確保するのが理想的ですが、現実的に難しければ、数分ずつの細切れでもかまいません。敏感スイッチのオンとオフを切り替え、高ぶった神経を休ませてあげましょう。

◎心を落ち着かせる③

「マイ鈍感グッズ」を持ち歩く

●好きな物に囲まれると落ち着く

気持ちが高ぶったり不安定になったりしたとき、自分なりの「マイ鈍感グッズ」を持っていると安心です。スヌーピーの漫画に登場するライナスの毛布のように、安心感を与えてくれるお気に入りのグッズです。

マイ鈍感グッズは、自分にとって「これがあると落ち着く」という物なら、なんでもＯＫ。神社のお守りやキャラクターグッズ、好きな本でもいいでしょう。

また、肌ざわりのいいフェイスタオルやブランケット、ビーズのクッションなど手ざわりのいい物を職場に置いておくのもおすすめです。心地よい刺激は、不快な刺激を抑

心地いい刺激をあげる

自分のお気に入りグッズ（なんでもOK）を常備しよう。

肌ざわりのいいハンカチ

毎日使う物なので、自分に合った物があると便利。落ち着かないときに触ってみよう。

好きな香りのアロマオイル

「疲れたな」というときに香りをかいでみよう。ハンカチに１滴たらしておけば、手軽に携帯できる。

える効果もあります。

●じつはマスクも鈍感グッズ

ＨＳＰさんは人との境界線があいまいなので、**身に着ける物で肌を隠すとバリアが強化され、気持ちが落ち着くことがあります。**

通勤電車で疲れる人は、スカーフやマフラーで首回りをおおってみましょう。

また、マスクも顔の大部分が隠れるので、とても効果的な鈍感グッズです。すでに実感しているＨＳＰさんは多いかもしれません。

◎仕事から心を離す

「きょうの仕事終わり!」と自分に声をかける

●仕事とプライベートとの境界線を引く

HSPさんは、仕事とプライベートの切り替えが苦手です。プライベートな時間にも仕事のことが頭から離れず、なかなかリラックスできません。

でも、翌日元気に仕事をするには、休むときにはしっかり休み、その日の疲れをいやしておくことが大事です。一日の仕事が終わったら意識的に仕事から心を離しましょう。

仕事モードをオフにするには、自分の心に「オフ」の合図を送るルーティンが効果的です。デスクの上を片付け、「きょうの仕事終わり!」と、自分に声をかけましょう。**その一言で、心に区切りがつけられます。**

仕事を「キリがいいところまで」やろうとする人もいますが、時間がきたらスパッと切り上げてください。「キリの悪い」ところから再開したほうが、仕事に入りやすい場合もあります。

●ＴＯ ＤＯリストをつくる

やり残した仕事があって気になるときは、翌日やるべき仕事を「ＴＯ ＤＯリスト」として箇条書きにし、デスクの上に残して退社します。

気になっていることを紙に書きだすと、頭の中のモヤモヤが晴れてスッキリします。また、たくさんの仕事に追われて焦っているときでも、全体を整理して書きだすと、やるべきことが意外に少ないことに気づくかもしれません。

ＴＯ ＤＯリストがあれば、家で明日の段どりなどを考える必要がないので、安心してプライベートを楽しむことができます。翌日も、「どこからはじめればいいんだっけ」などと悩む必要もなくなり、スムーズに仕事に入ることができるはずです。

◎レジリエンス

マインドフルネスで頭を休ませる

●ストレスで疲れた心を回復させる

現代社会はストレスに満ちています。ストレスで疲れたとき、体を休ませれば肉体的疲労は回復しますが、心の疲労は簡単に回復しません。

心の疲れを回復させる能力をレジリエンスといいます。レジリエンスは、現代のストレス社会を生きぬくのに欠かせない能力といわれます。

とくにストレスに敏感なＨＳＰさんにとって、レジリエンスは重要です。レジリエンスが低いと、ネガティブな感情をいつまでも引きずってしまうからです。

レジリエンスを高めるのに効果的な方法のひとつが、呼吸法です。マインドフルネス

キャンドルでできるマインドフルネス

キャンドルに火をつけ、部屋をできるだけ暗くする。なにも考えず火をボーッと見つめよう。

1/f ゆらぎ

炎などのゆらゆらした動きは1/f ゆらぎといわれ、リラックス効果がある。

でおなじみの方もいるかもしれません。

●〝いま、ここ〟に集中する

4秒かけて息を吸ったあと、2秒息をとめてから6秒かけて肺の中の空気をすべて吐き切ります。

呼吸をしているときは「いま、息を吸っている、いま、息を吐いている」と、呼吸に集中します。空気が鼻を通り、お腹がふくらむ感覚を意識して3分間続けます。ネガティブな感情が浮かんだら「戻ります」と心の中で声をかけ、再び呼吸に意識を向けてください。

◎環境を整える

お気に入りで心地いい空間をつくる

●居心地をよくして自分をいたわる

プライベートな時間にできるだけ疲れがいやせるように、部屋の環境も整えましょう。

気分に合わせて調節できる間接照明やキャンドルも有効です。ただし、アロマキャンドルのなかには刺激が強すぎる物もあるので、匂いのないキャンドルのほうがいいかもしれません。音が気になる場合はイヤホンで遮断したり、好きな音楽をＢＧＭとして流しましょう。

部屋ではくつろげる服でリラックスし、危険のない範囲内でめがねやコンタクトレンズも外して、**体を刺激から解放してあげてください。**

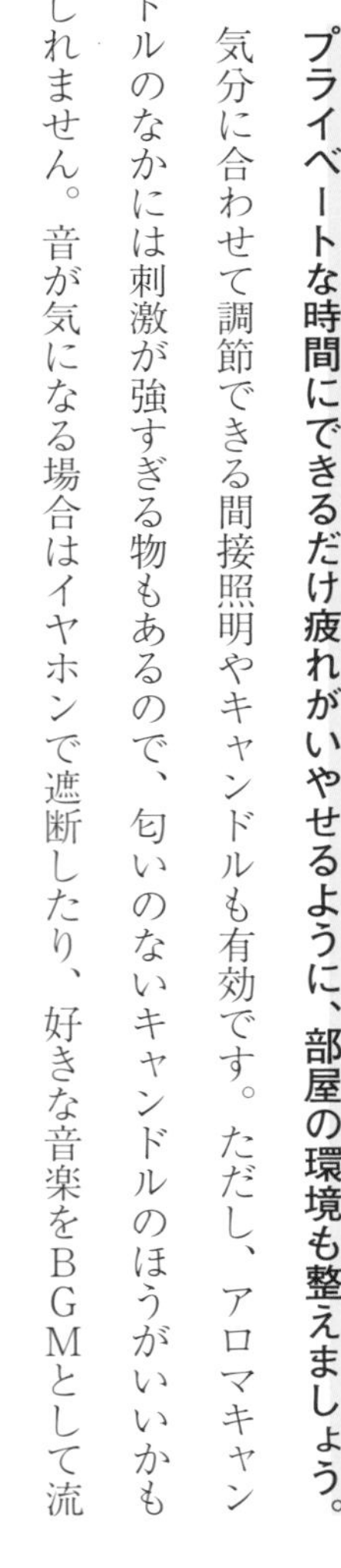

HSPさんの安らぎアイテム

下記のような物を活用して、敏感スイッチをオフにしよう。

間接照明

光による刺激をやわらげる。人によりベストな刺激レベルが違うので、明るさを調節できる物がおすすめ。

観葉植物

HSPさんは自然のパワーに敏感。生長に気づいてうれしくなったり、生命力を感じて自分もイキイキしたり。

クッションやぬいぐるみ

「ギュッ」とすることで落ち着けることも。手ざわりや大きさなど、自分にちょうどよい物を見つけよう。

◎リラックス

10分間、ぬるめのお風呂につかる

●HSPさんは〝水〟にいやされやすい

神経をすりへらし、ヘトヘトになって帰宅するHSPさんにとって、家でくつろぐ時間はとても大事です。**とくに注目したいのが入浴タイムです。**

人間には交感神経と副交感神経があり、リラックスするときは副交感神経が優位になります。ふつう帰宅直後は緊張が解けず交感神経が優位になっていますが、お風呂でゆったり過ごすと副交感神経優位になり、心身ともにリラックスモードになります。

知覚が敏感なHSPさんは水の柔らかな感触を好み、水にいやされる人が多いようです。お風呂を効果的に利用して、一日の疲れをとりましょう。

●お風呂は適温でのんびりと

シャワーだけでは深部体温が上がらないので、**必ず湯船に入ってください**。お湯の温度は41度程度を目安に「気持ちいい」と感じる温度にします。ただし、42度以上は交感神経が刺激されてしまうので避けましょう。

入浴時間は10分が目安。あまり短いと深部体温が上がりません。連続でなくてもいいので、合計10分程度は入浴します。ただし、最大でも15分以内にします。

入浴後は体を冷やさないように注意して、15分ぐらいは安静に過ごしてください。深部体温は90分ぐらいで戻るので、就寝時間は入浴後90分以内に設定しましょう。

就寝までの時間はリラックスタイムです。パソコンやスマホはできるだけ使わず、部屋の照明を少し落として読書や音楽でくつろいでください。

家でひとりの時間がもてないとき、お風呂は最高の避難所です。HSPさんは、次に入る人がいると落ち着かないので、家族の最後にのんびり入ることをおすすめします。

◎電磁波を避ける

電気パワーを感じる物は遠ざける

●HSPさんは電磁波を感じやすい

頭痛やめまいなど、原因不明の不調が突然生じることはないでしょうか。もしかしたら、電磁波の影響かもしれません。

私たちのまわりではさまざまな電磁波が飛びかっていますが、**敏感なHSPさんは電磁波を感じやすく、知らないうちに影響を受けて体調を崩す人も多いのです。**

突然めまいや耳鳴りがしたり、家にいても神経が休まらないように感じる人は、極力身のまわりの電磁波をシャットアウトしてみてください。

電子レンジはとくに電磁波が強いので使わないのがベスト。使うときにはなるべく離

スマホは枕もとに置かない

枕もとには目覚まし時計を置き、スマホは思いきって電源をオフに。遠くへ置いておこう。

れてください。テレビは眠る部屋に置かず、置いてある場合には、寝る前に主電源を切ります。必要ないときはＷｉ－Ｆｉ接続も切るようにします。

就寝前にスマホは電源オフや機内モードにするか、体から離れたところに置きましょう。

またＨＳＰさんは事件や事故のニュースを見ると、被害にあった人の状況や気持ちを考えて感情が高ぶり、心が大きくゆさぶられてしまいます。就寝前にスマホやテレビでニュースは見ないように気をつけることも大切です。

◎快眠

たとえ眠れなくても、気にしない

●気になりだすと眠れない

五感の鋭いＨＳＰさんは、ちょっとした刺激が気になって眠りがさまたげられることがあります。窓から入る光やバイクの音などが気になって寝つけなかったり、小さな物音で目を覚ましたりします。また、ＨＳＰさんは神経が高ぶりやすいので、緊張の糸がなかなかゆるめられません。昼間の出来事を思い返したり、翌日のことを考えて不安を募らせる人もいます。

「眠らないと」と、思えば思うほど焦り、眠れなくなるものです。暗闇のなかで悶々(もんもん)としているとアンテナの感度はさらに高まって目がさえ、負のループに陥ります。

これでは翌日も、眠い目をこすりながら起床し、疲れを抱えたまま出勤することになってしまうでしょう。

●眠れないときは目を閉じているだけでいい

不眠に悩む人は、今夜からひとつのルールを守ってください。それは、「布団に入ったら、けっして目を開けない」というルールです。

先にお話ししたように、人が五感から受ける刺激のうち、8割が視覚によるものです。明かりを消して目を閉じれば、かなりの刺激を遮断することができます。

眠れないからといって目を開けると、カーテンの隙間から入る月の光が気になったり、持ちまえの豊かな想像力が暗闇の中でふくらみかねません。

たとえ入眠できなくても、視覚情報をシャットダウンして横になっているだけで神経は十分休まり、体の疲れも回復します。睡眠が必要になれば、体は自然に入眠モードになるので、安心してください。

◎涙活（るいかつ）

思いきり泣いてモヤモヤを発散

●涙を流すとネガティブな感情も流れていく

悲しいことがあって大泣きしたら、意外に気分がスッキリしたという人は多いのではないでしょうか。最近は「涙活」という言葉も浸透してきましたが、涙には心のモヤモヤを洗い流す効果があります。これを「カタルシス効果」といいます。

カタルシスとは、「浄化」のこと。**泣くと副交感神経が優位になるのでリラックスし、嫌な気分が洗い流されるのです。**ＨＳＰさんは感情を引きずりやすいので、「きょうは失敗しちゃったな」「なんだか気分がモヤモヤするな」というときには、感動する映画や小説の世界にひたって、思いきり涙を流すことをおすすめします。

涙は
どんどん
流しましょう

おうちでできる涙活

感動的な話などを見たり聞いたりして、涙と一緒にネガティブな気持ちを流してしまおう。

●しんどい姿を見せたっていい

ツラいときには、ＳＯＳの涙も大切です。「人前で泣くなんてみっともない」と言う人もいますが、耐えているだけでは、ツラさは伝わりません。涙を流せば、誰かが必ず救いの手をさしのべてくれます。

「この人の前なら泣ける」と思えるような、信頼できる人を身近に探しましょう。遠慮することはありません。自分の弱さを見せると、相手も心を開いてくれます。「泣きたい気分」と弱音を吐くだけでも、心強い味方になってくれるでしょう。

◎自分をいたわる

バタフライハグで自分を抱きしめる

●突然の不安を感じたら、手をクロス

物事を深く考える気質のＨＳＰさんは、あれこれ考えて不安になり、緊張しがちです。そんなとき試してほしいのが、**バタフライハグ（左頁参照）**。

また、**心に浮かぶ不安の内容を、声の高さを変えてつぶやくという方法もあります。このときはアニメのキャラになりきりましょう。**「失敗するかもね、あはは」など、子どものキャラが可愛い声でいたずらっぽく笑うのを聞けば、なんとなくおかしくなって、気分もラクになるでしょう。アニメキャラの視点になれるので、自分を客観視して冷静になれるというメリットもあります。

バタフライハグの方法

バタフライハグはＰＴＳＤのためのエビデンスの高い心理療法から派生したもの。緊張をゆるめるのにとても効果的。

1 目を閉じる

リラックスできる場面や楽しい気持ちになれるものを思い浮かべる。

2 右手を左肩に、左手を右肩に置く

両手をクロスさせるように、両肩に置く。

3 左右の肩を交互にトントン

リズミカルに肩を交互に軽くトントン。
２分間続ける。

◎自分を喜ばせる

〝快〟の行動でストレスの濃度を薄める

●ストレスを％で考えよう

ストレスからは逃げるのがベストですが、逃げられなければ、考え方を変えましょう。ストレス０を目指すのではなく、ストレスを％で考え、濃度を薄めるやり方です。

仕事が大忙しで、上司にも叱られてなど、**不快な刺激が４つあったとします。ストレスは４分の４で、ＭＡＸ１００％の状態です。ところがここに心地いいと思う〝快〟の刺激をひとつ加えれば、ストレスは5分の4、つまりストレス濃度は80％に薄まります。**

〝快〟の刺激となる行動は、人によって異なります。自分にとってなにが〝快〟なのかを知り、「お気に入りの喫茶店で本を読む」など具体的にストックしておきましょう。

“快”の行動でストレスを薄める

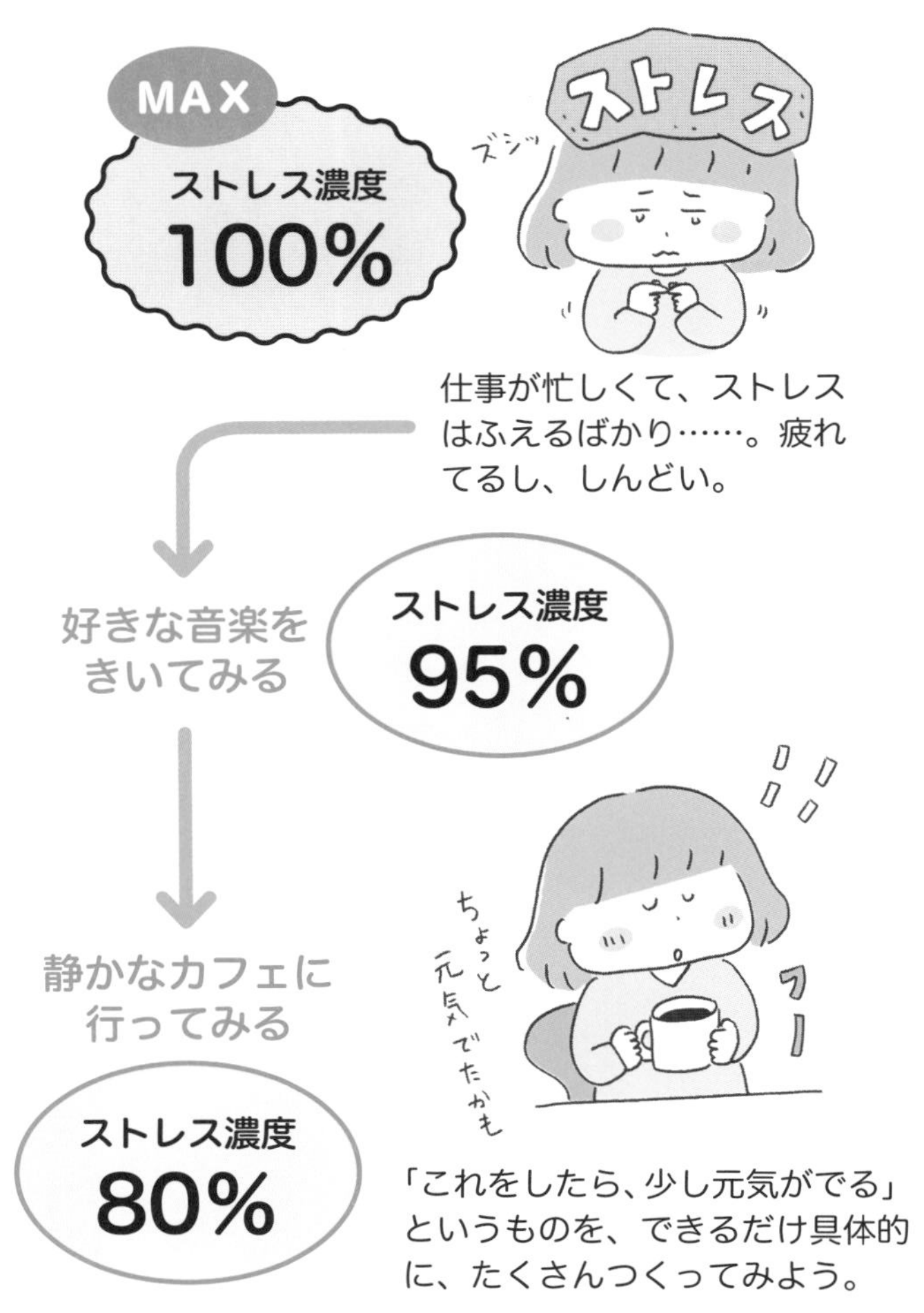

「これをしたら、少し元気がでる」というものを、できるだけ具体的に、たくさんつくってみよう。

Column

気分転換に甘い物を食べるなら

ストレスを感じたとき、甘い物を食べると気分転換になるように感じますが、じつは体は疲れてしまうので注意しましょう。

糖分過剰な物を食べると血糖値が一気に上がります。するとすい臓は慌てて大量のインスリンを分泌するので、血糖値が下がりすぎて低血糖になります。

低血糖になると脳では糖分が不足して思考力が低下し、イライラします。また、血糖値の乱高下は体に大きな負担となり、疲労感がまします。

それでも、どうしても甘い物を食べたいときは、食べた直後に体を動かしてください。胃腸の働きがにぶって糖の吸収が遅くなるので、血糖値の急激な上昇を抑えられます。

会社で間食したらすぐ、階段を3階分往復するといいですね。

第6章

あなたにはたくさんの強みがある

◎特長①

良心的でまじめに物事にとり組む

●責任感があり、頼もしい人柄

ＨＳＰさんは基本的にまじめで、仕事でも手をぬくことが苦手です。

世の中には、「時間もないし、まあ、この程度でいいか」と、仕事を適当に切り上げられる人もいますが、ＨＳＰさんには、中途半端な仕事が我慢できません。真摯に、納得がいくまでがんばります。

強い責任感をもち、誠実に仕事に向き合うHSPさんの姿勢は、じつは職場で高く評価されます。「○○さんに任せれば安心」と、周りから信頼をよせられ、まじめなＨＳＰさんは、信頼を裏切らないようにとがんばって、さらに評価を高めます。

信頼をよせられやすい

日ごろからまじめに仕事をしているので、
「信頼できる人」と高評価されていることも。

またHSPさんは、たとえ自分に責任がないことでも、困っている人を見ると責任を感じるので、放っておくことができません。

たとえば誰かが仕事を抱えていると、「なんとかしてあげなくては」と思い、親身になってサポートして感謝されます。

落ち込んでいる人がいると、表情やしぐさから敏感に気持ちを察知して励ましたり、相談役になることもあります。

責任をもって丁寧に仕事を行い、人への気配りも欠かさないHSPさんは、周囲から頼られる存在です。

◎特長②

物事に対して鋭い洞察力をもっている

●"なぜなぜ分析"が得意

会議でみんなが丁々発止（ちょうちょうはっし）のやりとりをしていたり、大勢の前で突然意見を求められたりすると、ＨＳＰさんはなにも言えず、自信をなくしがちです。

けれどもＨＳＰさんは、じつはとても深い洞察力と独創的な考えの持ち主。**じっくり考える時間と落ち着いて発表できる場が与えられると、誰も気づかないような鋭い意見を述べて周囲を驚かせたりします。**

これは「ひとつの物事を深く考える」というＨＳＰさん特有の気質によるものです。

「問題はなにか」「なぜそうなるのか」「なぜそれが必要なのか」と、どんなに小さな

問題でも多角的に分析して、その本質を理解します。

たとえば、ある商品の売れ行きが悪かったとしましょう。会議では、他社の競合品に比べて宣伝が不十分だったという意見がでます。

そこでＨＳＰさんは、「なぜ宣伝が不十分だったのか」ということを考えます。すると、「宣伝に十分予算がかけられなかった」ことがわかります。ＨＳＰさんは、さらに「なぜ予算がかけられなかったのか」を分析し、「開発コストが当初の予算よりオーバーしていたため」という結論を導きだします。

単に「宣伝が不十分だった」という結論では、宣伝の改善だけで終わってしまいますが、こうして深く掘り下げることによって、根底にある問題にたどり着くわけです。

ＨＳＰさんの鋭い洞察力は、表面的な出来事の裏にある問題を見ぬき、物事を本質から改善させる役割を果たします。第2章で述べた「意見を言う練習」や、第4章で述べた「会議で発言するときのポイント」をおさえると、あなたのこうした力が発揮される場面が増えることでしょう。

◎特長③

身のまわりのリスク管理能力が高い

●衝動的に行動せず、リスク回避ができる

「世の中には、考えてから歩きだす人と、歩きながら考える人と、歩いたあとで考える人がいる」といわれますが、ＨＳＰさんはじっくり考えてから歩きだすタイプです。行動的なタイプの人からは、「そんなに悩んでいないで、まずやってみれば」と言われることがあるかもしれませんが、無理することはありません。慎重なＨＳＰさんにしかできないことがあります。

物事を多面的に考えるＨＳＰさんは、**話をしたり、行動を起こしたりする前に、いくつものパターンを想定します。このため、誰も気づかなかった可能性を発見できるとと**

リスクを最小限にすることを考えている

“穴”がないかを探すことが得意。リスクを最小限にするために準備することができ、人を大きく支えていることも。

もに、落とし穴のリスクも感じとります。危険な〝穴〟を埋めるために、「こう言われたら、こう答えよう」「これが起きたら、こう対応しよう」と、**細かく戦略を練るので、最悪の事態を回避することができます。**ハプニングの多くは想定内なので、落ち着いて対処できるのです。

人間が生きのびるために、危機管理能力はとても重要です。人も組織も、リスクを見極めて備えているからこそ、大胆に行動できるのです。

慎重さをポジティブに受け入れて、上手に生かしてください。

◎特長④

ささいな違いにも気づくことができる

●入力ミスなどがパッと見てわかる

ＨＳＰさんは敏感で環境の影響を受けやすいため、知らないうちに多くの刺激を受けて神経が疲れてしまいます。でも、感覚が鋭敏ということは、他の人に見えないものが見え、感じないものが感じられるということです。

たとえば書類を読んでいるとき、ＨＳＰさんは小さなミスにとてもよく気がつきます。**ざっと目を通しただけで誤字や脱字を見つけたり、「なんか変だな」と感じて、大切なデータの入力ミスや図の誤りを発見したりします。**

小さなことに気がつくというＨＳＰさん特有の能力は、緻密で質のいい仕事をするに

は欠かせないものです。大切にしてください。

●職場の雰囲気をよくする素質がある

「髪切りました?」「アイメイク変えました?」など、ちょっとした他人の変化を敏感にキャッチできるのも、HSPさんの才能のひとつです。**変化に気づいてもらうと、人は気分がよくなるので、HSPさんの周囲の雰囲気は柔らかくなります。**

そもそもHSPさんは場の空気を読むことにたけていて、ギスギスした雰囲気が嫌いです。元気のない人に声をかけたり、仕事でイライラしている人をサポートしたりして、人間関係を良好に保とうとします。

また、みんなが疲れて残業しているとき、さりげなくお茶を配ってひと息つけさせてくれたり、出張先からみんなの好きそうなお土産を買ってきてくれたり。職場に欠かせないムードメーカーになっている人もいます。HSPさんが休んだ日には、「あれ、きょうはなんだか寂しいな」と思う人も多いかもしれません。

◎特長⑤

人の気持ちがよくわかり、気配り上手

●自然と相手の気持ちになって考えられる

ＨＳＰさんは相手の感情を自分のことのように感じ、気持ちによりそうことができます。このため、**ＨＳＰさんはとても聞き上手。話を聞いてもらった人はみな、「共感してもらえた」と、安心します。**

また、ＨＳＰさんは表情やしぐさなどから敏感に気持ちを察することができるので、会話中にも上手に気配りします。仲間とおしゃべりしているとき、誰かにとって「触れてほしくないこと」に話題が移りそうになると、さりげなく別の話題に変えて、友だちが不快な思いをしないように守ってあげたりします。

つねに人の気持ちを大切にするＨＳＰさんと一緒にいると、嫌な気分になることがありません。多くの人が居心地よく感じ、心がいやされるでしょう。

●周りの人の状況をよく把握している

自分の仕事をしていても、ＨＳＰさんの五感はいつも周囲の状況を把握しています。このため困っている人がいると、ＨＳＰさんはすぐに気がつき、手をさしのべます。

たとえば、同僚がプレゼンの資料をつくっているとします。いつも落ち着いている同僚なのに、その日はどこか焦っているようにＨＳＰさんは感じとります。そこで、「あのファイルを探しているのかも」と察して同僚に声をかけ、場所を教えてあげます。

同僚は、「ファイルを探していることに、どうして気がついたの」と、驚くかもしれませんが、周りの状況をつねに把握しているＨＳＰさんにとっては、ごく自然なことです。こういうことがたびたびあるので、**ＨＳＰさんは、周囲から「気の利く人」として評価されている**はずです。

◎特長⑥

恩恵やぬくもりを人より感じとれる

●感謝の気持ちを忘れずにいられる

ＨＳＰさんは、他人に対して細やかな気配りをするだけでなく、相手から受ける恩恵にも敏感です。

人は、自分のことで頭がいっぱいになると感謝の気持ちを忘れがちです。店員さんが親切にしてくれても、「客なんだから親切にされるのは当たりまえ」と、傲慢な気持ちになることもあります。

ＨＳＰさんはけっして「やってもらって当たりまえ」とは思いません。どんなに小さな気配りにも気がつき、ありがたみを感じることができます。**「ありがとうございま**

す」という心のこもったHSPさんの一言は、周囲の人を一瞬で幸せにします。

豊かな感性をもっている

小さな喜びをたくさん見つけることができる。視点を変えると、いつもの通勤風景も特別なものに感じられるはず。

●四季の移ろいを楽しめる

ＨＳＰさんの心は、季節の変化も敏感にキャッチします。気温や日差しの微かな変化、風の香りや樹々の色づきに、季節の移ろいを感じとります。

非ＨＳＰさんのなかには、たくさんの刺激がないと退屈してしまう人もいますが、**ＨＳＰさんは豊かな感受性を備えているので、日々の暮らしのなかでも多くの楽しみを見つけることができます。**

◎特長⑦

ここぞというときに、直観力がはたらく

●仕事で〝ピン！〟と良案がひらめく

「勘が鋭いね」と人から言われたことはありませんか。

ＨＳＰさんは五感が敏感なだけでなく、**「第六感」といわれるようなひらめきや直観力に優れています。**といっても、スピリチュアルな話ではありません。

人は、経験などで蓄積した情報をもとに物事や人の気持ちを判断していますが、ＨＳＰさんは感度のよいアンテナをもっていて、多くの情報を蓄積することができます。敏感なアンテナが反応するたびに豊富な情報を検索するので、人よりも多くのことに気づき、勘が鋭くなると考えられます。

アンテナがニーズを察知する

ピン！とひらめくセンスは抜群。空気を察知して、顧客のニーズもキャッチ。斬新なアイデアを生みだす力がある。

つまりＨＳＰさんは、五感が鋭いために直観力が鋭いわけです。

直観力は、仕事をするうえで大事な武器になります。**とくに意識もせずに顧客ニーズを的確につかんだり、誰も気づかなかった業務のムラやムダを発見し、改善策を思いついたりします。**

またＨＳＰさんには本来、「物事を深く考察して本質を見抜く力」があり、深い考察力と直観力が組み合わさると〝ピン！〟とひらめくことがあります。

ＨＳＰさんが思いつくアイデアの鋭さに驚かされる人も多いでしょう。

Column

自分のいいところを友だちに聞いてみよう

自分に合った仕事をしたいと思うなら、自分の特性を知らなくてはなりません。このとき大事なのが、自分の「強み」を認識すること。人は、強みを伸ばすことによって、可能性を広げることができるからです。

自己肯定感の低いHSPさんは「自分に強みなんてない」と、ネガティブになりがちですが、強みのない人はいません。多くの人は、それが「当たりまえのこと」と思い込み、強みだと気づけないでいるのです。

勇気をだして、友だちや同僚に「私の強みってなにかな」と、聞いてみましょう。「先週の会議、鋭い発言してたよね」とか、「人から意見を聞きだすのが上手よね」などと、教えてくれるはずです。自分の良さをきちんと認識し、認めてあげてください。

第7章

HSPさんのための職種別アドバイス

◎事務・オフィスワーク

他人ではなく、自分で自分を認めよう

●縁の下の力持ちであることを自覚しよう

総務部などの事務職は、営業部のように物を売る部署とは異なり、仕事が業績に直結しません。大事な仕事なのに、人から評価されにくいというマイナス面があります。

まわりの評価が気になるHSPさんにとって、このような立ち位置はツライものです。持ちまえの几帳面さでミスなく仕事をこなしますが、賞賛されるわけでもありません。「私がここで働く意味があるのだろうか」と、自分の存在意義まで疑ってしまいます。

けれども、あなたの仕事がなかったら、会社はどうなるでしょうか。

きっと多くの業務が滞って、会社は成り立ちません。事務職は、会社に欠かせない「縁

他人の評価は気にしない

なによりも、がんばっている自分自身を認めよう。あなたがいないと、困る人がたくさんいる。

の下の力持ち」です。「私が会社を支えている」という誇りをもち、自分をほめてあげましょう。

また、総務部の多くは人手不足のため多忙で、いくつもの業務をこなすマルチタスクが求められがちです。先にお話ししたように、ＨＳＰさんはシングルタスク向き。複数の作業を同時にできなかったとしても焦ることはありません。**仕事をするときは、ひとつずつ片付けてから次に移るように心がけてください。**自分のペースで進めれば、まじめで丁寧な仕事ぶりが評価されるはずです。

◎接客・サービス

人疲れしたときは、その場から離れて

●鈍感グッズと避難場所を確保する

多くの人と向きあわなくてはならない接客・サービス業は、ＨＳＰさんにとってはストレスのたまる仕事です。お客様に気をつかって神経をすりへらし、クレームを思いだしては、ネガティブな空気を引きずります。

また、ＨＳＰさんは人との境界線がもろいので、同僚が怒られているのを目にしただけでも、自分が怒られているような気がしてツラくなります。

職場ではストレスをため込まないように、**第5章で紹介した「マイ鈍感グッズ」を使いましょう。**小さなマスコットやアクセサリーなど、「これがあると落ち着く」という

強い刺激から自分を守る

怒りなどの刺激を感じたら、いったん避難。鈍感グッズで気を落ち着けてから、仕事に戻ろう。

物を身近に置き、イライラしたときに握りしめるとほっとします。**ときにはひとりでバックヤードに入ってひと息つくと、神経の高ぶりをしずめることができます。**

ＨＳＰさんは生活リズムが崩れると、かなりのストレスがかかります。接客・サービス業の場合、シフトで生活時間が不規則になりがちですが、「遅番は火曜と土曜」というように、**時間帯を固定すると負担を軽くできます。**

まわりを気づかうＨＳＰさんは、つい他人を優先してしまいますが、自分を守るためにきちんと希望を主張しましょう。

◎営業

オンオフの切り替えをしっかりしよう

●ノルマのプレッシャーで自分を追いつめないで

直感的に顧客ニーズを察知するＨＳＰさんは、営業的能力に優れています。人に喜んでもらうのが好きなので、心構えとしては営業に向いているといえるかもしれません。

ただし営業職は、ノルマのプレッシャーや接客で神経を消耗します。移動も多く、体力的にもハードです。完璧主義のＨＳＰさんは、ノルマを達成しようと自分を追いつめがちなので、**「ノルマを毎回達成できる人はいない」と、心に刻んでおきましょう。**

世の中の多くの人は、60点とれれば合格と考えています。６割達成できたら、自分をほめてあげましょう。**ダメなら「そんなときもあるよね」と、前を向いてください。**

自分をほめることを忘れない

まずは自分をほめよう。成績＝あなたのがんばりではない。目標に届かなくても大丈夫。

●生活リズムを整える

ストレスの多い営業職では、適切なスケジュール管理が欠かせません。**仕事がキツキツにならないように調整し、休息を確保しましょう。** 疲れたら第５章でお話しした「敏感スイッチ」をオフに切り替え、神経を休ませてください。

ＨＳＰさんはまじめなので、お客様の要望にすべて応えようとして仕事にふりまわされがちです。「日曜日には予定を入れない」など、ある程度基本ルールを定めて生活のリズムを整えましょう。

◎企画・クリエイティブ

企画が通らなくても、自分を責めないで

●アイデアへの批判は自分と切り離して

アンテナが鋭く感性豊かなＨＳＰさんは、企画やクリエイティブな分野で才能を発揮する人がたくさんいます。

ただし企画会議では、どんなにいい提案でも厳しい批判を受けたり、否定されたりすることがあります。ＨＳＰさんのなかには、自分の企画が批判されると能力が全否定されたように感じ、深く傷つく人もいるでしょう。

でも、**アイデアが否定されても、あなた自身やあなたの能力が否定されたわけではありません。企画が通らない理由はさまざまで、必ずしも企画に問題があるとは限りませ**

自己否定せず、
自分のセンスを
信じましょう

アイデアと自分は分けて考える

アイデアが採用されなくても、自己否定しないでいい。今回は却下されただけなのだから、次にとりかかればいい。

ん。予算や社会的状況などの外的要因が影響することもよくあります。

一度や二度の批判でやる気を失い、あなたのセンスをつぶしてしまうのは惜しいことです。自分を責めるのはやめて、何度でもチャレンジしましょう。

アイデアが浮かばないときには、「なんとかしなくては！」などと自分を追いつめず、きちんと休憩をとってください。ＨＳＰさんは、疲れているときや空腹時には頭がはたらきません。**ひと休みして頭を休ませると、ふっといい考えが浮かぶことがあります。**

◎研究・専門

人間関係をよくすることは目的ではない

●苦手な人との関係は〝ドライ〟でも全然ＯＫ

ひとつの物事を深く考えるＨＳＰさんは研究職にぴったりです。

ただ、ほとんどの研究はひとりで行うわけではなく、チームワークが必要です。研究チームは長時間一緒に仕事をするため、狭く深い関係が続きます。苦手な人と顔を突きあわせてゆううつになるだけでなく、気の合う人でも緊密になりすぎて息苦しくなったりします。だからといって、簡単にメンバーを変えることはできません。

チームの目的は、「人間関係をよくすることではなく、研究結果をだすこと」と、ドライに割り切りましょう。 ＨＳＰさんは、誰とでも「素の自分」を見せてつきあおうと

割り切った関係でいい

人間関係をよくすることが、仕事の目的ではない。無理しないで割り切るとラク。

しますが、第2章で紹介したように、ときには「ペルソナ」をつけて適度な距離を保つことも大切です。〝人とのおしゃべりより研究好きな人間〟を演じていれば、周囲の違和感がないかもしれません。

研究職はレベルの高いスペシャリストの集団なので、自己肯定感の低いＨＳＰさんは、周囲と自分を比較して落ち込むことがあります。

でも研究職につけたということは、周囲があなたの能力と可能性を認めたということ。**「自分は自分でいい」と自信をもち、自分なりに仕事を進めてください。**

◎IT・エンジニア

苦手な分野は、役割分担すればいい

●苦手な業務からは外してもらうよう相談を

ＨＳＰさんのなかには、プログラマーやＳＥなど高度なＩＴ技術職で能力を発揮している人もたくさんいます。

ただＩＴ職は、顧客からの問い合わせやクレームに対応することも多く、コミュニケーション能力も必要です。長時間残業や不規則な労働時間を強いられることもあります。プログラム開発などでは、顧客と打ち合わせを重ね、チームで連携しながら仕事を進めます。たくさんの人と仕事をしなくてはならないので、ＨＳＰさんには大きな負担かもしれません。

自分ができる役割を担う

交渉以外の仕事を担当するなど、自分が疲弊（ひへい）してしまう不得手な分野を業務から外してもらおう。

HSPさんは我慢強く、SOSをだせない人が多いのですが、**神経がボロボロになってからでは回復に時間がかかるので、早めにヘルプを求めましょう。**

他社との打ち合わせが苦手なら、コミュニケーションが得意な人に任せるなど、苦手な分野は外してもらうことです。

上司に話して配慮してもらうのがベストですが、それが難しければ、産業医や主治医に相談することをおすすめします。「こういう業務に対して不適応を起こしている」という話があれば、業務の調整をしてもらえることもあるでしょう。

◎転職

合わないときは転職したっていい

●やめることはダメなことではない

ＨＳＰさんはなんでも自分の責任にしがちなので、うまくいかないと「私ががんばらないから」と、自分を責めてしまいます。けれども、仕事や職場環境、人間関係には相性があり、自分ががんばったからといって必ずしも変わるものではありません。無理を重ねるうちにエネルギーを使い果たし、立ち上がれなくなってしまうでしょう。

第２章で触れたように、自分を犠牲にしてまでしがみつくべき職場や人間関係は、この世の中にひとつもありません。

少しでも体調不良を感じたら、それがギリギリのターニングポイントです。必ず産業

医や主治医に相談し、状況を改善してもらいましょう。それができなければ、転職もひとつの選択肢。**「やめるのなんてダメでしょ」などという思い込みは捨て去ってください。**

転職時に注意するべきポイントは、次の3点です。

①職場の環境……入らないとわからないこともありますが、たとえば離職率の高い会社は、人間関係がいいとは思えません。小さな会社はアットホームで人間関係が濃く、大きな会社ほど薄くてドライな関係になります。自分に合う環境を考えてください。いま流行りのフリーアドレスオフィス*は、HSPさんにとってはストレス軽減になります。

②自分のペース……HSPさんは疲れやすいので、つねに仕事に追われる状態では長続きしません。長時間労働や残業、休日出勤、出張がどの程度あるのか、昼休みはきちんととれるのかなども確認しましょう。

③自分の感性……一番大事なポイントです。自分が働くうえでの優先度や適性を、転職前にきちんと書きだしておきましょう。給料や通勤時間、そのときの流行で会社を選ぶのは危険です。なんとなく転職すると、同じことをくり返すことになってしまいます。

＊席が毎日自由に選べる。

Column

自分の トリセツをつくろう

HSPさんに「自分の嫌いなところは？」と聞くと、「意見が言えない」「人と比較して落ち込む」などの答えが返ってきます。一方「好きなところは？」と聞くと、なかなか答えられません。自己肯定感が低いHSPさんは、自分のいい面に気づかないのです。

自分を正しく把握するために、「自分のトリセツ」をつくりましょう。トリセツは、「自分はこんな人間なので、このように扱ってください」と、説明するためのものです。いい面と悪い面、好きなものと嫌いなものなどを考えて書きだしていくと、偏りのない自分の姿が見えてきます。

トリセツは、自分を客観視するのに役立ちます。HSP気質を人に説明するときも役に立つでしょう。

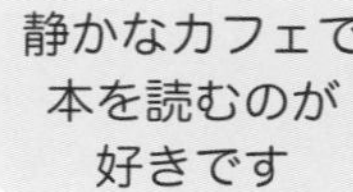

◆ 私はコレが好き

◆ 私はコレが嫌い

◆ 私はこんなときに喜ぶ／楽しい

◆ 私はこんなときに悲しい／怒る

おわりに

繊細で疲れやすいHSPさんは、自分自身を「弱くてダメなヤツ」と思い込んでいます。自己肯定感が低いと、自分の短所ばかりに目が向き、人と比較しては落ち込みます。

他の人にはできないことをさらりとこなせる能力があるのに、「こんなこと誰でもできる」と、自分が優れていることを認めません。しかも完璧主義なので100点でないと満足できず、マイナスばかりに気をとられて自らの強みに気づくことができないのです。

でも、本書でお話ししたように、HSPさんには素敵な部分がたくさんあります。

たとえば、ひとつの物事にじっくり向きあい、多面的に分析できるのは、HSPさんならではの能力です。深い洞察によって、隠れたリスクや新たな可能性に気づいて周囲を驚かせることもあります。物事の本質を見ぬく直観力からは、斬新なアイデアがひらめくこともあるでしょう。

また、人の心の動きに敏感なので、職場のギスギスした雰囲気を自然にやわらげ、人間関係を円滑にする才能にもたけています。

どれもこれも、HSPさんには当たりまえのことかもしれませんが、けっして「誰でもできること」ではありません。なぜなら、HSPさんの神経はとても細やかなので、非HSPさんが感じとれない情報を敏感にキャッチしているからです。

5人に1人とはいえ、HSPさんは少数派なので、非HSPさんと自分を比べ、
「なんでこんなに細かいことが気になるのだろう」
などと生きづらく感じるのはしかたありません。

けれども、マイナス面ばかりをクローズアップするのはやめて、自分にしかない強みに目を向けま

しょう。それを生かしていくことができれば、HSPさんは周囲が驚くような高度なパフォーマンスを発揮できるはずです。

もちろん、強みを生かすには知識と努力も必要です。まずは自分の気質を知り、うまくつきあっていく方法をコツコツ実践していきましょう。

ただしひとつだけ注意してほしいのが、本書でも指摘した完璧主義のワナです。

HSPさんはつねに100点満点を目指し、ひとつでもミスすると「どうしてできなかったのだろう」と落ち込むことが多いのですが、それでは自己肯定感が下がるばかりです。

世の中の人はみな、「6割で合格」という気分で生きています。HSPさんも合格ラインを60点に決めましょう。できないことがあっても「まぁ、いいや」でいいのです。

完璧主義は一見優れているようですが、じつはプレッシャーが強く持続可能ではありません。6割合格主義で努力を継続していくほうが、結果的には成功するのです。

本書によってHSPさんが、自分のもつたくさんの素敵な部分に気がつき、強みを磨き、生き生きと輝いてくれることを切に願っています。

最後になりましたが、国分病院院長の木下秀夫先生には、医師という肩書だからといって病名ばかりにこだわるのではなく、目の前にいる人の「生きにくさ」や「困っていること」に目を向けて支援するという、医療者として当たりまえの姿勢を一から指導して頂きました。この場をお借りして、改めて深く感謝を申し上げます。

井上智介

さくいん

さくいん

〈参考文献・参考資料〉

『1万人超を救ったメンタル産業医の職場の「しんどい」がスーッと消え去る大全』
井上智介著（大和出版）

『1万人超を救ったメンタル産業医の職場での「自己肯定感」がグーンと上がる大全』
井上智介著（大和出版）

『敏感すぎる自分の処方箋』保坂隆監修（ナツメ社）

『ささいなことにもすぐに「動揺」してしまうあなたへ。』
エレイン・N・アーロン著　冨田香里訳（SB文庫）

『鈍感な世界に生きる敏感な人たち』
イルセ・サン著　枇谷玲子訳（ディスカヴァー・トゥエンティワン）

『図解雑学　ユング心理学』福島哲夫著（ナツメ社）

「たたかう産業医！」井上智介

著者

井上 智介（いのうえ・ともすけ）

産業医、精神科医。島根大学医学部卒。多くの人に「おおざっぱに笑って（ラフに）生きてほしい」と、産業医として数多くの会社を訪問する一方、ブログやTwitterなどでも積極的に情報を発信している。著書に『どうしようもなく仕事が「しんどい」あなたへ ストレス社会で「考えなくていいこと」リスト』（KADOKAWA）、『１万人超を救ったメンタル産業医の職場の「しんどい」がスーッと消え去る大全』（大和出版）などがある。

スタッフ

編集協力／オフィス201（勝部泰子）
デザイン／小山良之
漫画・イラスト／高村あゆみ
執筆協力／浅田牧子
校正／渡邉郁夫
編集担当／ナツメ出版企画株式会社（田丸智子）

本書に関するお問い合わせは、書名・発行日・該当ページを明記の上、下記のいずれかの方法にてお送りください。電話でのお問い合わせはお受けしておりません。
・ナツメ社webサイトの問い合わせフォーム
https://www.natsume.co.jp/contact
・FAX（03-3291-1305）
・郵送（下記、ナツメ出版企画株式会社宛て）
なお、回答までに日にちをいただく場合があります。正誤のお問い合わせ以外の書籍内容に関する解説・個別の相談は行っておりません。あらかじめご了承ください。

繊細な人の心が折れない働き方

2021年 5月 6日 初版発行
2022年 7月 1日 第４刷発行

著　者　井上 智介
発行者　田村正隆

発行所　株式会社ナツメ社
東京都千代田区神田神保町1-52 ナツメ社ビル1F（〒101-0051）
電話　03（3291）1257（代表）　FAX　03（3291）5761
振替　00130-1-58661
制　作　ナツメ出版企画株式会社
東京都千代田区神田神保町1-52 ナツメ社ビル3F（〒101-0051）
電話　03（3295）3921（代表）
印刷所　ラン印刷社

ISBN978-4-8163-7006-9
Printed in Japan